# MA RÉSURRECTION

## SUITE À MON DÉCÈS DE PLUS D'UNE HEURE

UNICURSAL

Copyright © 2017 Diane Martel
Site web de l'auteur : www.dianemartel.com

**Éditions Unicursal Publishers**
www.unicursalpub.com

ISBN 978-2-924859-01-8

Première Édition, Lughnasadh 2017

# Diane Martel

# MA RÉSURRECTION

## SUITE À MON DÉCÈS DE PLUS D'UNE HEURE

*Dialogues avec les défunts*
*& les Êtres de Lumière*

UNICURSAL

*À René,*
*Merci pour tout.*

# Table des matières

## Deuxième Partie
## Les Défunts

## Troisième Partie
## Découvertes

**Quatrième Partie**
**L'Amour Inconditionnel**

# Remerciements

J'ai longtemps hésité avant d'écrire sur la mort, simplement parce que je croyais que ce sujet n'était d'aucun intérêt ou qu'il ne passionnait que les personnes ayant vécu des expériences similaires à la mienne.

Je tiens à remercier tout particulièrement, René, mon tendre et chaleureux conjoint, qui a su m'encourager et me soutenir pendant toute la durée de l'écriture de ce livre. Sa patience, son insistance et nos précieux échanges m'ont permis d'apporter des explications claires aux nombreux phénomènes "ésotériques" que je vivais, voyais et ressentais. Grâce à ses compétences scientifiques, j'ai pu vous les décrire d'une façon compréhensible.

Je le remercie également d'avoir eu la persévérance d'écouter et de colliger toutes les informations recueillies durant mes nombreuses consultations qui se rapportaient aux défunts et à leurs parcours. Je remercie également toutes les personnes qui ont si gentiment accepté que je me serve de ces précieux témoignages. J'ai choisi les plus significatifs afin que vous puissiez avoir une très bonne idée de ce qui se passe lorsque nous quittons ce plan terrestre.

Impossible de passer sous silence l'acceptation d'Isabelle et Marc-André, mes enfants que j'aime tant. Grâce à leur approbation, j'ai pu utiliser des moments partagés ensemble, des moments qui m'ont permis de vous décrire avec diligence les différentes phases de nos vies, souvent difficiles, mais sans lesquelles je ne serais jamais devenue la personne, le messager et le médium que je suis aujourd'hui.

# Introduction

En pratiquant la médiumnité, je me suis vite rendue compte que presque toutes les personnes que je rencontrais se posaient de très nombreuses questions sur la mort. La majorité cherchait à comprendre. Les questions variaient, mais ils voulaient savoir et surtout, être rassurés. Comment accepter l'inacceptable, cette incompréhensible éventualité qu'est la mort ? Il y avait tant de questions. Par contre, il y avait un continuum et celui-ci était presque toujours le même. On me demandait souvent :

Suis-je seul ou accompagné lorsque je traverse de l'autre côté ?
Où vais-je aller après mon décès ?
À quoi cet endroit ressemble-t-il ?
Vais-je pouvoir venir visiter ceux que j'aime ?
Vais-je me retrouver seul dans cet endroit ?
Vais-je voir des Anges ou des Êtres lumineux ? Si oui, à quoi ressemblent-ils ? Comment les reconnaître ?
Pourquoi ne les vois-je pas lorsque je suis vivant ?
Vais-je un jour me réincarner sur Terre ?
Vais-je retrouver mes parents décédés ?
Quelle est ma mission sur Terre ?
Comment se fait-il que je n'ai aucun souvenir de ma mission lorsque j'arrive sur Terre ?
Etc… etc… etc…

Le fait que je sois moi-même décédée ainsi que la chance d'avoir rencontré de très nombreuses personnes appartenant au monde invisible, que ce soit lors de mes consultations ou d'un travail personnel, me permet d'apporter certains éclaircissements. Je n'ai pas la prétention de fournir des réponses toutes faites et parfaites, car je crois sincèrement qu'il me reste encore beaucoup à découvrir.

J'espère, de tout cœur, que mon témoignage clarifiera certains de vos questionnements, qu'il diminuera vos craintes ou votre chagrin et qu'il alimentera vos réflexions.

J'espère également que cela vous aidera à comprendre, un peu mieux, pourquoi nous venons dans ce monde et surtout comment jouer notre rôle afin qu'un jour, lorsque le moment sera venu de quitter notre Terre, vous soyez prêt à traverser sans inquiétude et quitterez sans peur avec amour et conviction qu'un monde meilleur vous attend.

# Première Partie

## La Mort

# La maladie, le décès

Au printemps 1982, je travaillais en tant qu'enseignante dans une classe de 6e année. Tout allait très bien, j'avais une très belle classe et mon rapport avec mes élèves était excellent. J'aimais particulièrement enseigner à l'école St-Jude, car il y régnait une atmosphère très agréable et des échanges de franche camaraderie entre enseignants. Cependant, nous étions tous très heureux de prendre un petit congé lorsque Pâques arrivait. Celui-ci ne durait que quelques jours, mais nous retrouvions nos familles avec grand plaisir pour le congé pascal.

J'avais quitté mes élèves, ce Jeudi Saint, en leur souhaitant de très joyeuses Pâques. Dès mon réveil, le lendemain matin, je me sentis complètement épuisée. Je pensai que ce congé allait me procurer le repos dont j'avais besoin. J'en profiterais pour refaire mes forces. Lorsque le dimanche arriva, je compris que c'était beaucoup plus qu'une simple fatigue ; j'étais très fiévreuse. Déçue, je me dis que Pâques risquait d'être beaucoup moins intéressant que ce que j'avais espéré.

Cette année-là, Pâques se célébrait tard en saison, soit le 11 avril ; j'avais 36 ans.

Je réalisai rapidement que j'étais affublée d'une vilaine grippe, car je faisais de la fièvre, je toussais et me sentais courbaturée. Il devenait évident que je ne pourrais joindre ma famille pour le repas pascal. J'étais tellement déçue ! J'aimais particulièrement fêter Pâques avec mes frères et sœurs. Nous avions l'habitude de participer à l'élaboration du souper et nous nous amusions follement.

J'annulai donc ma participation, craignant de contaminer d'autres membres de ma famille. Je demeurerais à la maison et j'en profiterais pour me reposer et refaire mes forces.

Après quelques jours de repos, je constatai que ma situation ne s'améliorait pas. Ma fièvre diminua, mais j'étais maintenant atteinte d'une violente gastro-entérite. Impossible de retourner au travail. Plus les journées s'additionnaient, plus mon état de santé se détériorait. Cela m'épuisait davantage ; alors j'allai consulter un médecin à la clinique située près de chez-moi. Ce dernier me prescrivit un médicament qui aurait dû arrêter ou améliorer mes problèmes de gastro. Malheureusement, la médication prescrite n'eut aucun effet sur mon état de santé. Je retournai donc le consulter et celui-ci changea ma médication. Encore une fois, cette dernière prescription ne produisit aucun des effets escomptés. Bien au contraire, je souffrais maintenant de vomissements et de diarrhées quotidiennes. Plus d'une semaine s'était passée depuis ma dernière consultation et ma situation continuait de se détériorer. Je m'affaiblissais de plus en plus. Je n'arrivais plus à garder de nourriture et toutes les fois que je buvais, je vomissais la presque totalité de ce que j'avais ingurgité.

Mon mari, Michel, était demeuré à mes côtés pour me soigner ; mais voyant que je nécessitais davantage de soins, il se sentit dépassé et malgré le fait qu'il avait pris une semaine de congé supplémentaire pour me soigner, je continuais de dépérir. Les enfants étaient retournés en classe et moi je passais maintenant la majeure partie de mon temps alitée. Je faiblissais davantage à chacune des journées qui s'ajoutaient.

Michel me suggéra de continuer ma convalescence chez mes parents. Je crois bien qu'il pensait que sous les bons soins de ma mère, j'arriverais à m'en sortir, car lui ne savait vraiment plus quoi faire et comment m'aider.

J'acceptai, car cela lui permettrait de retourner au travail. De plus, il jouissait d'un horaire très flexible, il pourrait également s'occuper des enfants. Tant qu'à moi, je ne serais pas seule et ma mère me prodiguerait les soins dont j'avais tant besoin.

Arrivée chez ma mère, je fus installée sur un lit de fortune au salon. De cette façon, elle pourrait me surveiller plus facilement et tenter de me nourrir. Maman me prépara donc ses fameux jus protéinés; malheureusement, je ne pouvais en prendre qu'une toute petite gorgée. Elle insistait, mais je vomissais presque la totalité de ce que j'avais absorbé. Les journées se succédaient, mais mon état de santé ne s'améliorait pas.

En dernier recours, ma mère tenta de me faire boire avec une paille, tout en me soulevant la tête, mais je m'étouffai, incapable désormais d'avaler quoi que ce soit. Épuisée, je cessai de boire totalement. Au début, j'avais arrêté de manger, mais là, cesser de boire allait me conduire aux pires souffrances que j'aie endurées de toute ma vie.

À partir du moment où je cessai de boire, je sombrai rapidement dans un état de grandes douleurs et celles-ci furent suivies de nombreuses pertes de conscience. Une intolérable brûlure semblait me consumer totalement. Je souffrais tellement que les secondes et les minutes me parurent durer une éternité. J'aurais souhaité arrêter le temps afin de bénéficier d'un petit répit, mais les seuls moments où je ne ressentais pas cette insoutenable brûlure étaient lorsque je perdais connaissance. À toutes les fois que cela se produisait, ma mère croyait que je tombais endormie et ne me dérangeait pas. Elle était complètement dépassée par la situation. Elle me fit même transporter dans une chambre, à l'avant de la maison, afin que je puisse mieux me reposer. Je ne m'en aperçus même pas.

J'étais de moins en moins consciente de ce qui se passait autour de moi. Je n'arrivais plus à me mouvoir ou même me déplacer dans mon lit. Je restais complètement immobile. Impossible d'ouvrir les paupières, j'étais trop faible! Je m'éteignais à petit feu et personne ne s'en apercevait. Ma mère croyait que je dormais ou que je rêvais; alors, elle ne me dérangeait pas.

Denise, ma jeune sœur, qui travaillait dans un Centre pour personnes âgées, vint me visiter pour prendre de mes nouvelles. Je n'ai aucun souvenir de son passage; je ne m'en aperçus même pas. Lorsqu'elle me vit, elle dit à ma mère: "Maman, Diane est en train de mourir, il faut vite appeler son médecin. Il doit faire son entrée à l'hôpital. C'est urgent!" Maman était estomaquée, elle était convaincue que je rêvais. Dépassée par la situation, elle ne comprenait plus rien. J'attribue sa façon de réagir à la méconnaissance, tout simplement. On ne meurt pas d'une simple grippe ou d'une gastro-entérite! avait-elle pensé. (Ce que je viens de raconter dans ce paragraphe me fut rapporté par Denise). Grâce à elle, je fus transportée d'urgence à l'hôpital de Valleyfield.

Ma famille, d'après ce qui m'a été rapporté, était venue me conduire. Il y avait mon conjoint, Michel, ma sœur Denise, ainsi que mes parents.

J'ai très peu de souvenirs de mon entrée à l'hôpital, j'étais déjà dans un état de santé très critique. Il m'arrivait, à de rares moments, de sortir de mon état "semi comateux" et d'entendre des mots ou même de petits bouts de phrases. Puis, je retombais brusquement inconsciente. De plus, il m'était désormais impossible de communiquer ou d'intervenir afin de fournir des informations complémentaires. Toute communication entre eux et moi était complètement coupée. J'étais emmurée à l'intérieur de mon propre corps. C'était terrorisant! Je le sais aujourd'hui, je souffrais de déshydratation avancée. Malheureusement, personne ne semblait s'en apercevoir. Ils étaient davantage préoccupés par mes gémissements, car cela dérangeait les autres patients de l'hôpital.

Je fus rapidement placée dans une chambre et une infirmière vint rassurer les membres de ma famille qui m'avaient accompagnés, en leur disant: "Ne vous inquiétez pas, nous prendrons grand soin d'elle et un médecin viendra la voir demain matin." J'entendis cette incroyable phrase, la seule avant leur départ. Je fus automatiquement prise de panique. Comment pouvaient-ils me laisser là, toute seule? J'étais complètement démunie. J'aurais tant souhaité sentir la présence de mon mari à mes côtés. Pourquoi m'avait-il abandonnée ? J'étais anéantie et incapable de dire quoi que ce soit. Je ne pouvais même pas le supplier de demeurer à mes côtés. Je me sentais si seule et prise d'une incroyable frayeur. Puis, je perdis à nouveau connaissance.

Un des rares moments dont je me souvienne, par la suite, est lorsque l'infirmière vint me tapoter l'épaule et me dit, d'un ton autoritaire : "Cessez de vous plaindre, vous dérangez tous les autres patients !" Puis, elle me brassa, me souleva légèrement à ma droite et me donna une injection sur la fesse. Une vive douleur m'envahit tout entière. Comme si ce n'était déjà pas suffisant ! J'avais cette effroyable sensation de brûler vive, mon corps semblait en feu. J'imagine qu'elle venait de m'administrer un calmant, mais j'étais incapable de lui parler. J'aurais voulu crier, l'implorer de cesser l'administration du médicament, car celui-ci augmentait mes souffrances, mais j'étais incapable de parler, incapable de lui faire comprendre. J'aurais tant voulu lui expliquer, mais j'étais 'prisonnière' dans mon corps. Je tentai de pleurer, mais aucune larme ne perla sur mon visage. J'avais l'impression que mes yeux étaient remplis de grains de sable. Comment faire ? J'étais désespérée ! Heureusement, je perdis conscience à nouveau. Une vraie délivrance !

Puis, elle revint. À nouveau, elle me brassa et me demanda de me taire. Comment me taire si je ne réalise même pas que je fais du bruit ? Elle m'administra une deuxième injection. Trop, c'en était trop ! Encore plus de douleur. Comment pouvait-on me laisser souffrir autant ? J'étais complètement coincée, prise dans ce corps et incapable d'exprimer la moindre demande pouvant me soulager. J'étais emmurée, entièrement prisonnière.

Mon dernier souvenir fut de sentir l'infirmière prendre ma pression. Elle marmonna… je ne sais plus quoi, mais elle sembla finalement s'inquiéter de mon état. Enfin ! Elle allait probablement réagir et m'aider. Puis, plus rien, je ne vis plus rien, ne sentis plus rien et n'entendis plus rien… Cette fois-ci, j'étais entièrement coupée du monde extérieur. C'était comme si je m'effaçais, disparaissais… Je m'éteignais lentement ; qu'importe, je l'ignorais. De toute façon, cela n'avait plus d'importance, je n'étais plus là et personne ne semblait s'en soucier. J'étais complètement dépendante de mon environnement, sans défense et presque toujours inconsciente. L'unique bonheur lorsque nous sommes dans cet état de semi-coma est qu'on ne ressent plus cette effroyable douleur qui nous fait tant souffrir et qui meurtrit notre corps. Cela nous donne enfin le répit tant souhaité.

Puis, tout à coup, au moment où j'étais complètement inconsciente, une douce voix me réveilla. J'étais incapable d'ouvrir les yeux, de le regarder, ni même de bouger, mais la douceur de sa voix me remplit totalement. Une personne s'intéressait enfin à moi; c'était merveilleux. Cette voix masculine, je le savais à son timbre, me semblait si douce, si tendre, si compréhensive et si affectueuse qu'elle me réconforta complètement. Puis, cet homme posa sa main sur la mienne.

Au moment précis où il me toucha, une superbe sensation de bien-être m'envahit tout entière. C'était comme si mon corps faisait enfin une pause. Quelle merveilleuse sensation! Sa peau était si douce; mon corps se calma instantanément. Je n'avais plus peur et bizarrement, je ne souffrais plus. Les horribles douleurs disparurent sur le champ. C'était fascinant! J'aurais tant aimé pouvoir le regarder, le remercier, mais j'étais incapable de bouger. Impossible d'ouvrir les yeux ou de prononcer quelle que parole que ce soit. Mon corps ne répondait plus. Qu'importe, je l'entendais et c'était suffisant. D'une voix calme et rassurante, il dit simplement : "Ne t'inquiète pas Diane, je veille sur toi et personne ne viendra plus te déranger. N'aie pas peur, je demeure auprès de toi." Je ressentis alors une grande paix intérieure m'envahir. J'avais confiance en cet homme même si je ne le voyais pas. Je me sentais en parfaite sécurité. Un superbe sentiment de paix et de sérénité m'envahit totalement. Quelle sensation merveilleuse! Sans réaliser ce qui se passait, je fus instantanément propulsée hors de mon corps. J'avais été projetée telle une balle de fusil lorsqu'on appuie sur la gâchette.

Je venais de quitter le monde terrestre. Aucun regret, aucune amertume. J'étais libérée! Je ne souffrais plus. Quel bonheur, quel bien-être et quelle extraordinaire sensation de légèreté! Je me sentais si bien et enfin libre.

J'entrai instantanément dans une superbe et immense Lumière. Wow! C'était tout simplement merveilleux. J'étais dans la Lumière et je faisais "UN" avec ELLE.

J'appris plus tard, que mon cœur avait cessé de battre, suite à un arrêt cardiaque. Nous étions le 1er mai 1982.

# Dans la lumière

Comment décrire l'indescriptible ? Comment décrire une telle splendeur ? Rien de ce qui existe sur Terre ne ressemble à ce que j'ai vu. Existe-t-il vraiment des mots terrestres pour décrire un tel endroit ? Je voudrais tant vous dépeindre avec précision tout ce que j'ai vu, perçu et ressenti. Comment trouver les mots, les bons mots pour décrire un tel endroit, une telle splendeur ?

Le seul mot terrestre qui correspond quelque peu à ce lieu est le **SOLEIL**. Pourtant et d'une façon très rationnelle, je me dis que c'est impossible, mais cet endroit me faisait vraiment penser au Soleil, de par sa couleur et son rayonnement.

De plus, il est d'une beauté indescriptible et d'une incroyable luminosité. C'est un endroit extraordinaire, exceptionnel. J'étais complètement immergée de lumière, tel un immense SOLEIL. Je faisais partie de ce Soleil, je faisais un avec lui. Pourtant, cela ne me brûlait pas. "Doux", c'était très doux. Cet endroit est étonnamment brillant, pourtant il n'est pas aveuglant. Je voyais clairement tous les mouvements et ondulations de ce superbe Soleil. Je faisais entièrement partie de la lumière et j'ajouterais que moi aussi, j'étais de la lumière, de l'énergie. La lumière qui était si brillante aurait dû être brûlante, mais il n'en était rien. Aucune sensation de brûlure ou de chaleur étouffante. La chaleur me réconfortait et m'enlaçait tendrement.

Différentes teintes de jaune et de doré s'entremêlent et bougent en parfaite 'synchronicité'. Doux et chaud, tout bouge en parfaite harmonie. Tout vibre, tout est étonnamment vivant et très enveloppant. La Lumière m'étreignait, tels d'immenses bras affectueux et chaleureux. Quel bonheur d'être enlacée par cette douce chaleur, réconfortante et lumineuse. De plus, il y règne une telle douceur et une telle tranquillité qu'il n'existe aucune peur et aucune crainte. C'est une sensation de bien-être prodigieux. Je dirais aujourd'hui : la Lumière ou l'Énergie qui nous enveloppe nous étreint d'un Amour sans bornes, sans condition.

Je n'avais plus de corps physique lourd et opaque ; je ressentais plutôt la grande légèreté et la translucidité de celui-ci. Je faisais UN avec la Lumière ou l'Énergie. Quel bonheur et quelle magnifique sensation de bien-être. De plus, je pouvais me voir dans ce "corps" et à l'extérieur de ce corps. Sans être reliée à ce corps éthéré, je pouvais aisément me déplacer et m'observer. J'étais multidimensionnelle. C'était fascinant, je pouvais sentir que j'étais dans ce corps "éthéré", mais je pouvais également me voir de l'extérieur, observant à l'arrière de moi, l'être qui se trouvait devant moi ; j'étais multiple. Je pouvais me mouvoir avec aisance et observer cette jeune fille que j'avais été, assise en position de lotus, calme, sereine et heureuse. Lorsque je me déplaçais dans cet espace, je n'étais plus limitée par un corps physique, ni éthéré. Je faisais corps avec l'Énergie. J'avais un corps éthéré mais également un corps d'Énergie. Je vibrais également. Je me sentais merveilleusement bien et incroyablement libre, entièrement libre !

J'étais enfin de retour à la Maison.

*<br>**

Je ne me sentais pas seule. Légèrement à ma gauche, je ressentais une présence. Je me souviens m'être retournée et c'est à ce moment précis que j'aperçus cet immense Être très lumineux. Il était incroyablement grand, très vibrant et lumineux, encore plus brillant que cet incroyable Soleil. Je ressentais son Amour, un Amour sans bornes, un Amour incommensurable. Quel bonheur ! Quelle superbe sensation ! Quel Amour !

Puis, je le regardai. J'eus le sentiment profond d'être un tout petit enfant, regardant son père avec admiration, un père tout puissant, mais tellement compréhensif. Tant de compassion et d'amour émanait de cet Être. J'avais l'impression d'être avec mon Père bienveillant. Encore là, les mots ne sont pas assez forts pour décrire cet Être et le bien-être qu'il me faisait ressentir. Ici, j'emploie volontairement le mot père, mais cet Être n'était pas 'sexué'. Il était pure énergie.

Quel merveilleux sentiment. Je me sentais à la fois, privilégiée, aimée et j'ajouterais très "importante" et surtout UNIQUE… Je comparerais cette sensation de bien-être à celui qu'un jeune enfant ressent lorsque sa maman le prend dans ses bras. Il n'est pas inquiet. Il se sent protégé, aimé et en parfaite sécurité. Nul besoin de parler, l'enfant ressent tous les sentiments qu'elle éprouve pour lui. C'est tout simplement indescriptible. L'enfant se sent merveilleusement bien ! J'étais merveilleusement bien, j'étais sa "protégée", son Enfant. De plus, je me sentais Unique, comme s'il n'y avait que Lui et moi qui existaient dans tout l'Univers.

J'étais son enfant chérie et bien-aimée. Je ne me sentais pas seule, car Il se tenait à mes côtés. J'étais son unique enfant et je devenais, par le fait même, la personne la plus importante qui existe dans tout l'Univers. Il me donnait cette impression d'unicité et d'importance. Il m'aimait d'un Amour profond et infaillible. Son Amour est tout simplement incroyable ! De toute ma vie, je n'avais jamais ressenti un tel Amour ; un amour sans jugement. Quelle extraordinaire sensation !

Puis, sorti de nulle part, j'aperçus un immense écran devant moi. Il semblait suspendu dans l'espace. Je le fixai et je compris rapidement que la présentation me concernait. On y projetait le film de ma vie. Je réalisai rapidement qu'il se déroulait d'une façon chronologique. Toutes les étapes importantes de ma vie s'y retrouvaient. Au tout début, j'aperçus une jeune femme avec son enfant et je reconnus ma mère ; elle venait de me donner naissance. Par la suite, elle me tenait par les mains et je commençai à faire mes tout premiers pas. C'était fascinant ! Précis dans les moindres détails. La transmission était d'une qualité exceptionnelle.

Je continuais d'observer tout le déroulement de ma vie terrestre. Je ressentais chacun des événements vécus, mais j'étais complètement détachée émotivement. Je n'étais que spectatrice de tout ce que j'avais vécu, des décisions prises, des peines, des souffrances, des joies et des bonheurs.

Je revis chacun des moments importants de mon enfance, mon adolescence, mes frères et sœurs, puis, plus tard, mon conjoint et les enfants. Toute ma vie, tel un long métrage, s'étalait devant moi. J'étais heureuse et je me sentais entièrement satisfaite de tout ce que j'avais accompli. Je ne ressentais aucun regret, aucune tristesse. Mes liens, même ceux d'une mère avec ses enfants bien-aimés étaient entièrement coupés. Moi, qui avais plutôt été une mère poule, très protectrice, je ne ressentais plus ce besoin de les protéger ou de leur faire sentir mon amour. J'avais réussi et j'étais enfin libérée de tous ces sentiments humains. J'étais convaincue que mes enfants s'en tireraient bien et que leur père prendrait grand soin d'eux. Je n'étais plus inquiète. J'étais satisfaite du travail accompli et j'allais continuer ma route avec l'Être de Lumière.

Soudain, sans mot dire, j'entrai directement en contact avec l'Être de Lumière. Aucune parole, aucun échange verbal. Tout se passait au niveau de la pensée. Je l'entendais et je lui répondais. C'était fascinant!

Les premiers mots qu'il prononça furent: "Bienvenue chez toi mon enfant." Puis, il ajouta: "C'est très bien, Diane, cependant, tu devais travailler l'Amour Inconditionnel". J'étais stupéfaite. Je ne comprenais tout simplement pas ce dont il me parlait.

J'ajoutai: "Vous devez vous tromper! J'ai tellement aimé mon mari et mes enfants, je ne comprends pas."

Il répondit: "Ce n'est pas ça l'Amour Inconditionnel, ça c'est de l'Amour humain." Puis, il ajouta: "Ce n'est pas grave, viens, suis-moi, tu y retourneras une autre fois."

J'étais sonnée! J'ajoutai: "Comment ça, une autre fois?"

Non, non, ce n'était pas possible. Je n'allais pas retourner dans ce bourbier et endurer à nouveau de telles souffrances. Je me remémorai alors les douleurs insupportables qui avaient causé mon décès. Il n'était pas question que je revienne sur Terre "une autre fois." Cela voulait dire que je devrais "renaître", réapprendre à marcher, retourner aux études, recommencer tout ce que j'avais vécu! Non, pas question. Cela me sembla insensé.

Bizarrement, ce qui me venait à l'esprit, c'était les longues années d'études à temps plein et partiel afin de compléter mes études universitaires. Non, il n'était vraiment pas question que je recommence tout cela. J'avais travaillé fort et voilà que l'Être de Lumière me disait candidement: "Ce n'est pas grave, tu retourneras une autre fois." Mais où était donc le "Petit Jésus" et le Paradis à la fin de mes jours?

"Recommencer une autre fois", cela devait donc dire revenir sur terre une autre fois. Je devrais donc me "réincarner"! Non, ce n'était pas possible et tout cela, au nom de l'Amour inconditionnel. Je n'y comprenais absolument rien. J'étais prête et pressée de le suivre, mais recommencer et revenir plus tard sur la Terre et renaître, non, je ne voulais absolument pas.

D'une voix très douce, il rajouta: "Viens, suis-moi." Je savais pertinemment que si j'obtempérais à sa demande, j'allais quitter définitivement cet endroit merveilleux. Je suivrais, tel une enfant, l'Être de Lumière vers des endroits inconnus et d'une grande splendeur. Mais, je le savais maintenant, je reviendrais plus tard, dans une autre vie sur la Terre.

Alors, je l'implorai: "S'il-vous-plaît, laissez-moi retourner, je vous en prie."

Il répondit: "Non, suis-moi, tu retourneras une autre fois".

Puis, je me mis à chercher mon corps, ce corps que j'étais si heureuse d'avoir quitté. Je scrutais l'horizon et ne voyais absolument rien. Il n'était plus là! Puis, un peu comme lorsque l'on se trouve dans un avion et que l'on cherche la piste d'atterrissage, je regardai vers le bas, beaucoup plus bas. J'aperçus enfin des nuages et plus bas encore, je vis l'hôpital, puis la chambre. Je regardai dans la chambre, me demandant si mon corps s'y trouvait encore ; je l'aperçus enfin. Il gisait inanimé et je savais qu'on allait bientôt venir le chercher pour le conduire à la morgue. J'ignore pourquoi ou comment, mais je le savais.

À nouveau, je l'implorai et le suppliai, ajoutant : "Ce corps-là est encore jeune." Drôle de sensation de regarder le corps qui a été le nôtre et de le considérer comme un simple habitacle. J'insistai davantage et ajoutai : "Je vous en prie, laissez-moi retourner. Je vous promets que lorsque je reviendrai auprès de vous, vous serez vraiment fier de moi. Je vais réaliser l'Amour inconditionnel, je vais aider les personnes que je vais côtoyer… Je vous promets d'accomplir de très grandes choses."

Il insista une dernière fois pour que je le suive. Je le regardai affectueusement et le suppliai de me retourner dans mon corps.

Puis, tout à coup, je quittai cet endroit de félicité et de grand bonheur et commençai ma descente vers ce corps inanimé.

# Retour dans mon corps

Je me retrouvai dans la chambre. Tout était calme. Je pouvais facilement me mouvoir dans la pièce, tel un nuage vaporeux ; je flottais ! C'était une sensation très agréable, aucunement humaine.

Je remarquai que la porte de la chambre était fermée et que ce corps inanimé était recouvert d'un léger drap jusqu'au cou. La pièce me semblait baigner dans une lumière légèrement bleutée. Il était tôt le matin, et le soleil allait bientôt se lever. Je savais qu'il était temps de reprendre ce corps et le chemin le plus naturel me parût le dessus de la tête. Une sphère d'énergie m'avait suivie et semblait faire partie de moi, comme si celle-ci allait m'aider à reprendre possession de mon corps physique. Il était maintenant temps d'entrer, je devais tout simplement me glisser à l'intérieur en passant par le dessus de la tête.

Dès que mon esprit toucha le dessus de la tête, je ressentis un effroyable sentiment de panique et d'effroi. Je regrettais amèrement mon entêtement et mes supplications auprès de l'Être de Lumière. Je venais de quitter cet endroit merveilleux sans même penser aux conséquences. Jamais, lorsque j'étais avec Lui, il m'était venu à l'idée que ce corps pouvait être complètement dysfonctionnel. J'avais tout oublié ! C'était comme si tout s'était effacé. Je n'appartenais plus à ce monde terrestre. J'avais donc oublié qu'il m'était impossible de communiquer avec qui que ce soit lors de mon hospitalisation. Aucun souvenir de mon incapacité à bouger, sans compter que j'avais également perdu la vue. Je n'avais gardé aucun souvenir de ces atroces douleurs ressenties avant mon décès lorsque je baignais dans cet endroit de béatitude.

J'étais complètement paniquée. Comment avais-je pu demander de revenir dans ce corps ? Cela me sembla alors complètement insensé et stupide. J'allais certainement payer le prix de mon entêtement. À ce moment précis, dès les premières sensations du corps, si j'avais pu faire marche arrière et si l'Être de lumière avait été à mes côtés, je serais retournée auprès de Lui, sans regret et avec grand bonheur, mais Il n'était plus là. Il était trop tard, je devais continuer !

Je me glissai lentement dans le corps, mais celui-ci me sembla beaucoup trop petit. Tout avait rétréci. C'était comme tenter de mettre un vêtement de grandeur 2, alors que l'on porte du 22. C'était tellement rigide et tellement limité. Quelle lourdeur ! On aurait dit un billot de bois. Quelle densité ! Ce corps était devenu si rigide et que dire de la froideur de celui-ci. Ce corps était glacé. Il émanait également une odeur désagréable. Tant de limitations ! Je devrais, probablement, apprendre à vivre avec les séquelles d'un corps qui avait subi la déshydratation et la Mort.

Lorsque je fus installée dans mon corps, la première pensée qui me vint fut celle-ci : "Je suis paralysée, mais si j'arrive à ouvrir les yeux et voir, je pourrai peut-être communiquer en ouvrant et fermant mes paupières." Les yeux me semblèrent l'unique moyen de communication avec le monde extérieur. Des clignotements pour Oui et Non.

Je sentais une légère chaleur sur ma joue droite et je pensai alors que le soleil devait briller. Je décidai d'ouvrir les yeux et je fus, tout de suite, surprise de voir aussi clairement. Je percevais les moindres détails de la chambre et effectivement, un très faible rayon de soleil entrait dans celle-ci. Je voyais ! C'était incroyable et je me dis que c'était exceptionnel, car je revenais de loin. Je recouvrais la vue. Quel sens extraordinaire ! De plus, je ne souffrais plus. Aucune douleur, aucune souffrance, une vraie délivrance.

Je pouvais voir, mais pourrais-je bouger ? Mes bras longeaient mon corps de chaque côté. Je me dis que je devais faire un essai. Je me sentais si lourde ! Puis, je commençai lentement et tentai de soulever l'index de la main droite, il bougea. Wow! J'avais réussi. Encore une fois, je ne ressentais aucune douleur. Puis, j'essayai le majeur, il bougeait également. Wow! C'était vraiment incroyable. J'ajoutai l'annulaire, l'auriculaire et finalement le pouce et à mon grand bonheur, ils bougeaient tous. Quelle réussite! Je fis de même avec la main gauche et encore une fois, je réussis à bouger les 5 autres doigts de la main gauche. Quel soulagement! J'avais réussi à faire bouger des parties de mon corps, à mon très grand soulagement. Je craignais tellement d'être paralysée que je savourais chaque mouvement additionnel. Chacun de ces mouvements devenait d'incroyables victoires, de superbes réussites.

Je fis le même exercice avec mes orteils, mes pieds et réussis à les faire bouger également. Puis, tout doucement, je réussis à soulever légèrement les bras puis les jambes. Wow! Une autre victoire. C'était vraiment incroyable. Tout semblait fonctionner. De plus, je respirais sans difficulté. C'était fascinant. Quel bonheur!

Je me dis alors: "Il faut que je me lève et que je leur montre que je suis vivante. Je dois sortir de cette chambre." Cet exercice fut beaucoup plus difficile à réaliser. Je devais faire d'immenses efforts pour me soulever et sortir de ce lit. J'avoue que cela m'épuisa totalement. J'étais revenue à la vie, mais j'étais très affaiblie. J'eus beaucoup de difficulté à me soulever et à me tenir droite sur mes 2 pieds. Je manquais de force et d'équilibre, j'étais épuisée! Je réussis tout de même, me tenant sur le bord du lit, puis, doucement, tout doucement, je fis mes premiers pas. Je me sentais comme un jeune enfant qui venait de réussir ses tout premiers pas. J'étais tellement fière, je marchais! Quel merveilleux sentiment de réussite. Puis, lentement, très lentement, je me déplaçai et me dirigeai vers la porte de la chambre. Cette fois-ci, je devrais fournir un effort supplémentaire pour l'ouvrir. Je posai mes 2 mains sur la poignée afin de m'assurer que je réussirais. Je tirai et la porte s'ouvrit. Une autre victoire. N'était-ce point merveilleux? J'étais si heureuse!

Puis, j'avançai lentement et me rendis jusqu'au dispensaire. C'est à cet endroit que j'aperçus 2 infirmières. Elles sursautèrent et un cri d'effroi sortit de leurs bouches. Je les regardai et leur dis promptement : "Appelez mon mari et dites-lui que je suis vivante !" Elles semblèrent acquiescer, mais l'une d'elle vint vers moi et me dit : "Je vous conduis à votre chambre. J'appelle immédiatement le médecin."

Il était 6 heures du matin, l'heure où on devait venir chercher mon corps pour le descendre à la morgue.

Puis, je demandai à cette infirmière : "Où puis-je trouver l'infirmier qui est venu dans ma chambre hier soir ?" Et là, j'eus droit à un regard foudroyant et à une réponse toute aussi inattendue : "Vous vous trompez aucun infirmier ne travaillait sur le plancher hier soir, nous étions les deux seules infirmières à s'occuper de vous." Je la regardai et ajoutai : "Vous vous trompez !" J'eus droit à un autre regard désapprobateur et je compris rapidement qu'il valait mieux que je n'insiste pas autant ; je ne voulais surtout pas m'attirer de problèmes. Désormais, tout ce qui m'importait, était ma sortie de l'hôpital. Alors, qu'importe, je le retrouverais bien par moi-même, pensais-je.

Je fus rapidement prise en charge. On vint me chercher et conduite en chaise roulante pour divers examens.

Le premier fut un électro-encéphalogramme. Tout s'avéra normal. Puis, on me demanda d'aller passer des tests de "motricité fine". Je me suis alors retrouvée dans une pièce avec un infirmier qui me donna des blocs en bois et me demanda d'exécuter différentes formes, etc… Je reconnaissais là les blocs que l'on donne aux jeunes enfants afin qu'ils fassent de quelconques constructions. Je voyais bien que celui-ci observait chacun de mes mouvements. Il en profitait aussi pour me poser diverses questions que je jugeais tout à fait stupides. Ces questions étaient très simplistes, du style : Quel âge avez-vous ? Quel est votre nom ? Êtes-vous mariée ? Quel est le nom de votre mari ? Avez-vous des enfants ? Combien ? Comment s'appellent-ils ? Que faites-vous dans la vie ? De nombreuses questions qui, j'imagine, démontraient ma cohérence. Je pris grand soin de répondre à toutes ces questions et gardai mon calme. Mais je ne cessais de lui demander d'appeler mon mari. Sa réponse était toujours la même : "Oui, ne vous inquiétez pas, on s'en occupe."

Finalement, je rencontrai le médecin traitant. Il m'ausculta et me posa de nouvelles questions insipides et simplistes. Il ne dit rien par rapport à la nuit précédente, ce qui me surprit énormément. Cependant, il était évident qu'il se demandait si tout était normal au niveau cérébral ; je lui répondis calmement et sans difficulté. Puis, celui-ci m'informa que mon mari arriverait sous peu et qu'il m'accordait mon congé de l'hôpital. Ouf !

J'étais enfin libre et j'allais commencer ma nouvelle Vie.

J'avais promis à l'Être de Lumière de réaliser l'Amour inconditionnel ; j'étais confiante, heureuse et surtout déterminée. Je tiendrais mes promesses et j'étais convaincue de ma réussite.

# Retour à la maison

Lorsque je revins à la maison après mon hospitalisation, j'étais remplie de bonnes intentions. J'étais heureuse et je me disais que ma vie allait changer et prendre un nouveau tournant. J'étais confiante !

Je n'étais pas très forte, mon corps physique avait subi de graves attaques. J'étais très affaiblie, amaigrie, mais je ne souffrais plus.

Au début, mon mari fut très attentif à mes besoins. Dès que j'émettais le moindre désir, il accourait et me donnait ce que j'avais demandé. Il refusait que je me lève ou marche sans son aide. Il me soutenait constamment, ce qui j'avoue devenait presque agaçant. Je ne pouvais me déplacer sans qu'il soit à mes côtés. C'est pourquoi, j'étais convaincue qu'il serait fasciné et intéressé par tout ce que je m'apprêtais à lui raconter. J'avais tellement hâte de lui décrire ma superbe rencontre.

J'étais persuadée qu'il s'ensuivrait des échanges passionnants et très constructifs. Malheureusement, il rejeta du revers de la main tout ce qui s'apparentait à la spiritualité ou à l'ésotérisme. Aucun de ces sujets ne l'intéressait plus désormais alors qu'autrefois, c'était son sujet préféré. Il refusa toute discussion se rapportant à ce que j'avais vécu à l'hôpital et à ma superbe rencontre avec l'Être de Lumière.

J'étais complètement atterrée ; j'aurais tant souhaité pouvoir lui dire, lui expliquer, mais il n'était tout simplement plus intéressé. Il était passé à autre chose ! Fort heureusement, il m'aida et me supporta pendant toute la durée de ma convalescence. Je mis près de deux mois à me remettre sur pied.

Sentant que le sujet n'intéressait personne, je gardai bien en-foui, au plus profond de moi, cette superbe et extraordinaire ren-contre avec l'au-delà et tentai même de passer à autre chose. Je ne pus retourner au travail pour finir l'année scolaire, mais dès que je me sentis mieux et que j'eus repris entièrement mes forces, je déci-dai d'inscrire ma petite famille à des activités sportives afin de créer des liens encore plus forts entre nous et surtout de réaliser ma pro-messe, celle de l'Amour inconditionnel.

Malheureusement, le père de mes enfants prenait de plus en plus de distance. Je compris rapidement que le papa oiseau avait trouvé un autre endroit où nicher!!! La séparation devint donc l'unique solution et j'avoue que cela me peina profondément. Nous nous séparions et malgré toute cette tourmente, j'étais toujours amoureuse de mon mari.

# Première manifestation de médiumnité après mon décès

## Sylvain, le mari de Ghyslaine

J'avais deux grandes amies, Ghyslaine et Lise. Nous avions l'habitude, à tous les premiers vendredis du mois, d'aller souper ensemble. Nous appelions cela notre souper de filles. Nous en profitions pour échanger sur tout ce qui nous préoccupait; nous nous amusions et nous nous encouragions.

Je connaissais très bien le mari de Lise, mais jamais encore je n'avais eu la chance de rencontrer le conjoint de Ghyslaine. Fidèle à mes habitudes, j'allai chercher Lise chez elle et pour la première fois, ce soir-là, nous allions retrouver Ghyslaine à son lieu de travail.

Elle et son mari possédaient un immense magasin en banlieue de Montréal. Dans ce magasin, on retrouvait différentes pièces servant à la réparation ou à l'embellissement de l'automobile. Un garage servant à la réparation se trouvait aussi rattaché à la bâtisse.

Arrivées au magasin, Ghyslaine insista pour me présenter son mari. Il vint vers moi et me serra la main en guise de salutations. Tout en lui serrant la main, je le regardai intensément dans les yeux. J'ignorais pourquoi, mais son regard semblait voilé et je ne comprenais pas la signification de ce voile. C'était un très bel homme, chaleureux et il semblait plutôt attentionné. Les présentations terminées, nous partîmes toutes les trois, Ghyslaine, Lise et moi, pour souper au restaurant. Alors que nous étions en route, Ghyslaine se mit à nous raconter ses malheurs, car elle venait d'apprendre que son mari la trompait. Elle ajouta même : "Si cela continue, je vais demander le divorce".

J'ignore ce qui se passa à ce moment-là, mais des paroles sortirent spontanément de ma bouche, je rétorquai et dis brusquement : "Pas besoin Ghyslaine, il sera mort dans 2 semaines."

Je ne comprenais pas ce qui venait de se passer. Comment avais-je pu prononcer ces paroles ? Lise et Ghyslaine éclatèrent de rire et moi souriant bêtement, je ne comprenais toujours pas comment j'avais pu prononcer de telles paroles. Comment avais-je pu faire une telle affirmation ? Ne prenant rien au sérieux, nous continuâmes notre route. Arrivées au restaurant, nous nous installâmes bien confortablement.

Je me souviens encore de nos fous rires. Ne prenant rien au sérieux, Ghyslaine éclata de rire à nouveau. Elle n'en revenait tout simplement pas des paroles que j'avais prononcées dans l'automobile. Ghyslaine se mit à imaginer son avenir sans son conjoint, après un éventuel décès. Elle échafaudait des plans, racontait ce qu'elle ferait de son héritage et comment elle dépenserait sa nouvelle richesse. Lise et moi en rajoutions. Nous lui proposions même différents achats et placements.

L'atmosphère était très détendue. Nous riions à gorge déployée. Bref, nous passions une de nos meilleures soirées ensemble ; nous partagions une superbe amitié, toutes les trois. Ce soir-là, toutes ces paroles et toutes ces folies allégèrent la peine de notre amie Ghyslaine.

Sylvain, son mari, avait l'habitude de partir longuement en voyage, à bord de son avion, conduisant des chasseurs de caribous dans le grand Nord québécois. Il quitta donc le lundi suivant notre rencontre. Lors de ce voyage, il fit une crise cardiaque et mourut exactement 10 jours après que j'eus annoncé son décès à Ghyslaine.

Lise me téléphona et m'annonça la mort de Sylvain. J'eus l'impression de recevoir un coup de poing en plein visage. J'étais assommée, je n'y comprenais RIEN. Que s'était-il donc passé? Je me souvenais très bien que cette déclaration était sortie de ma bouche telle une balle de fusil. Je me disais que cela ne pouvait pas venir de moi. C'était absolument impossible. J'avais plutôt l'impression que cette information m'avait traversée, un peu comme si elle était passée à travers moi. J'étais bouleversée! Comment expliquer une telle chose à Ghyslaine? Je n'y comprenais absolument rien moi-même. Comment arriverai-je à expliquer mon affirmation?

Je n'oublierai jamais ma visite au Salon funéraire. Je regardai et cherchai Ghyslaine des yeux. Je demeurais tout près de la porte lorsque j'entendis des mots stridents: "Tu le savais." Je m'approchai alors de Ghyslaine et tentai de lui dire que j'ignorais tout du décès à venir et que j'avais fait une très méchante blague. Cependant, je savais maintenant que c'était faux. Impossible d'expliquer comment j'avais su, mais j'allais bientôt le découvrir.

J'ajouterai aussi, que si j'avais compris à ce moment-là que cela faisait partie de la médiumnité, jamais, non jamais, je ne me serais permis de faire une telle affirmation. Cela aurait été de la cruauté à l'état pur.

# Vision du décès de mon père

Les deux années qui suivirent mon décès furent particulièrement difficiles et éprouvantes, car ma vie de couple s'effondra complètement. J'étais atterrée. J'aurais tellement souhaité que Michel et moi nous nous rapprochions; cependant, il en fut autrement. C'est pourquoi la séparation devint l'ultime façon de résoudre nos conflits. Malgré tout l'amour que j'éprouvais encore pour Michel, je demandai le divorce en octobre 1984. Peinée et profondément déprimée, je décidai de continuer ma route, seule. Isabelle et Marc-André étaient demeurés à mes côtés. Cependant, il était clair qu'ils souffraient profondément de cette séparation.

Cette année 1984, restera gravée à tout jamais, telle une brûlure causée par le fermier marquant ses animaux. Je devais continuer à enseigner, car je devenais le seul soutien familial et mes enfants avaient grandement besoin de moi. Ils se sentaient abandonnés, complètement délaissés par leur père et j'allais tout faire pour surmonter cette épreuve.

Lorsque Noël arriva cette année-là, je me retrouvai à nouveau complètement épuisée. Encore une fois, je devins fiévreuse et grippée. J'avais coutume d'emballer les cadeaux des enfants et de mes parents quelques jours avant notre rencontre familiale, laquelle avait toujours lieu le 25 décembre au soir. Cependant, je me sentais trop fatiguée, trop affaiblie pour accomplir cette tâche toute seule. C'est pourquoi, ma bonne amie Suzanne m'appela et m'offrit son aide pour emballer les cadeaux de Noël. Je n'oublierai jamais cette soirée du 23 décembre.

Un bon café à la main, je décidai d'emballer la superbe chemise que j'avais choisie pour mon père, alors que Suzanne choisit d'emballer le cadeau que j'offrais à ma mère. Malgré mes petits malaises, Suzanne et moi discutions joyeusement. Elle avait toujours été de très bonne compagnie et surtout très aidante et compréhensive.

J'avais placé devant moi, sur la table, la boîte qui devait servir d'emballage pour la chemise que j'offrais à mon père. Au moment précis où je plaçais le papier de soie à l'intérieur de celle-ci, une image, telle une photo, vint se superposer à la boîte. J'aperçus un cercueil! Je ne percevais plus la boîte, mais un cercueil. Je sursautai alors d'effroi et lâchai un cri perçant. Je regardai un instant le cercueil et comme si cela n'était pas suffisant, j'aperçus, avec effroi, mon père couché dans celui-ci. L'image était si claire, c'était sans équivoque. Je me serais crue au Salon funéraire, juste au-dessus du cercueil de mon père. Suzanne me demanda: "Diane, qu'est-ce qui se passe?" Je sanglotais et criai: "Non, ce n'est pas vrai, Non, pas mon père. Non, s'il-vous-plaît, non, pas mon père." J'implorais le Ciel!

Je poussai la boîte brusquement et m'écriai à nouveau: "Non, papa, non papa, pas toi!" En sanglots, je regardai Suzanne et lui dit: "Je crois que mon père va mourir." Suzanne ne comprenait rien à ce que je racontais; je lui relatai alors tout ce que je venais de voir. Elle me regarda perplexe et me dit: "Voyons, Diane, c'est la fièvre qui fait cela." Et moi de lui répondre: "Non, Suzanne, je crois bien que mon père va mourir." Sanglotant, je quittai Suzanne en disant simplement: "Si tu savais comme j'espère me tromper."

Le soir de Noël, je me rendis donc avec mes enfants chez mes parents. Bien entendu, je n'avais qu'une seule pensée en tête: "voir mon père". Plus rien d'autre n'avait d'importance. Je me disais que j'avais peut-être imaginé tout cela ou que la fièvre avait contribué à cette vision. Du moins, c'est ce que j'espérais de tout mon cœur.

Lorsque j'aperçus mon père, je le vis heureux et très chaleureux. Il était venu m'accueillir, mais je constatai rapidement que son regard était différent. Je reconnus rapidement le "fameux regard", celui que j'avais croisé chez Sylvain lorsque Ghyslaine me l'avait présenté. Je n'avais pas oublié que celui-ci était décédé 2 semaines après cette rencontre.

Les yeux de mon père avaient, eux aussi, ce voile que j'avais aperçu pour la toute première fois dans les yeux de Sylvain. Le même regard, le même voile ! Cette délicate apparence de voile, était-elle annonciatrice d'un futur décès ? Je l'ignorais encore, mais j'avoue que toute la soirée, je savourai tous les moments précieux partagés avec mon père. J'étais très attentive à toutes ses paroles et telle une petite fille, je ne voulais perdre aucun moment, aucune parole, aucun geste, aucun regard que papa me donnait.

Malheureusement, le 14 janvier 1985, mon père décéda d'une crise cardiaque causée par un infarctus du myocarde. Je venais de comprendre ce fameux regard voilé. Une vraie confirmation !

Je n'avais rien pu faire, rien arrêter. Je perdais un autre pilier et j'étais complètement anéantie, démolie.

Comment pouvait-on m'enlever cet être si précieux, si tendre, si affectueux ? En 3 mois à peine, je perdais les 2 hommes de ma vie. Séparation de mon mari et décès de mon père. J'étais trop dévastée pour me révolter. Épuisée, je devrais me relever, mais c'en était trop à ce moment-là. J'avais l'impression que mon monde s'écroulait à nouveau et que le Ciel m'abandonnait.

À cette étape de ma vie, doublement endeuillée par le divorce et le décès de mon père, mes moments de douleur, de peine et de répit se succédaient constamment. Ma vie ressemblait davantage au manège des montagnes russes où se succédaient les montées et les descentes sans fin dudit manège. Je regrettais mon retour à la Vie et me répétais constamment que mes enfants et moi serions beaucoup plus heureux si je n'étais pas revenue sur Terre. Leur père, j'en étais convaincue, était beaucoup plus apte à prendre soin d'eux, car moi, je ne leur apportais que du chagrin. J'étais totalement incapable de soulager leur grande peine.

# Premier enseignement de mon père

À l'automne 1985, quelques mois après le décès de mon père, je décidai de m'inscrire à des rencontres informelles avec des enseignants de mon école. Nous formions un tout petit groupe de six personnes. Nous allions chez l'une d'entre elles et nous échangions sur différents sujets ésotériques. Nous finissions toujours la soirée par une petite méditation. J'en étais à mes premiers balbutiements dans ce domaine et j'appréciais particulièrement ce moment de détente. De plus, cela me permettait de connaître davantage mes collègues de travail.

Un soir de novembre 85, alors que nous en étions à notre partie détente "méditation", je m'installai par terre et entrai rapidement dans cet état méditatif. Une douce musique remplissait toute la pièce. Je tentais de libérer mon esprit de toute agitation mentale afin de profiter au maximum de ce moment de quiétude que me procurait la méditation.

Soudainement, alors que je n'avais rien tenté de voir ou de faire, sauf me détendre, mon esprit se retrouva dans une prairie verdoyante, très lumineuse. Au début, je crus que c'était mon imagination, mais comme je tentais simplement de relaxer, je réalisai que j'étais réellement dans ce superbe endroit. Ne m'attendant absolument à rien, je demeurai dans cet état méditatif et continuai mon périple sans me poser de questions. Totalement éblouie par cette saisissante beauté, j'observais cette étonnante luminosité et ses différents dégradés de couleurs. Même ces couleurs m'apparaissaient plus claires, plus éblouissantes que tout ce que je connaissais sur Terre. Difficile de décrire une telle splendeur ; il faudrait multiplier par 10 et plus encore afin d'en avoir un simple aperçu. Une ambiance de paix et de grande sérénité imprégnait la prairie toute entière. La température était très douce et agréable, et la lumière qui me semblait venir du ou d'un Soleil, y était particulièrement claire et quelque peu dorée. Aucun nuage à l'horizon et le ciel se paraît d'un bleu azur particulièrement étincelant. J'étais là! Je me sentais là! C'est à ce moment que je décidai de marcher et d'arpenter ce magnifique endroit. Lentement, observant et savourant le moment présent, j'avançai dans cette superbe prairie. Je montais une légère colline lorsque j'aperçus un homme venant à ma rencontre. Je ne le reconnus pas à ce moment précis, mais je l'observais et à ses pas, je reconnus la silhouette de mon père! "Mon père?" Pensais-je. Était-ce bien mon père? ou hallucinais-je? Estomaquée, je le vis s'approcher de moi, tout souriant. C'était bien lui, je le reconnaissais facilement, car il portait son chandail préféré bleu marine et pantalon de même couleur. Je reconnaissais sa chevelure blonde clairsemée et ses beaux grands yeux bleus. Il semblait si heureux, si paisible et rassurant. Ses grands yeux me transpercèrent et je m'élançai dans ses bras. C'était bien lui. Je venais de retrouver mon père. Je reconnus même son parfum. Quel grand bonheur! Un sentiment de joie profonde m'envahit complètement. Quel baume sur la peine que j'avais ressentie depuis son départ. J'étais si heureuse! Plus rien n'avait d'importance maintenant; j'aurais voulu demeurer auprès de lui indéfiniment. Quel bien-être!

Puis, il m'invita à m'étendre sur le gazon, auprès de lui. Je le reconnaissais bien là; il avait toujours aimé ces journées d'été où nous pouvions profiter de cette douce et tranquille chaleur. Il adorait la nature et particulièrement prendre un temps d'arrêt pour la contempler; ce que nous fîmes, savourant ces précieux moments ensemble. Nous restâmes ainsi allongés, sans mot dire, tout simplement heureux d'être à nouveau réunis. Puis, il se leva et m'invita à marcher lentement. Il me demanda de porter un message à ma petite maman; j'acceptai avec grande joie. Il dit simplement: "Dis à ma belle noire que je l'aime de tout mon cœur et que je l'aimerai toujours. Dis-lui aussi que je vais très bien et que je suis très heureux. Décris-lui cet endroit merveilleux, cela lui fera très plaisir." Puis, nous nous mîmes à descendre une légère pente sur la colline et nous arrivâmes à une immense porte en bois, d'un brun foncé. Elle semblait très lourde et épaisse. On aurait dit une porte ancienne de par sa couleur et l'épaisseur de son bois. De plus, elle était supportée par un immense chambranle, du même type de bois, mais bizarrement il n'y avait aucune serrure, ni poignée. De plus, de chaque côté, on pouvait toujours apercevoir la prairie verdoyante où je me trouvais. Cette porte était tout simplement suspendue là, dans l'espace.

C'est à ce moment que mon père s'adressa à nouveau à moi et me dit : "Tu vois cette porte Diane ?" J'acquiesçai de la tête et il ajouta : "N'essaie jamais de venir ici et de la franchir par toi-même, car si tu essayais de venir me retrouver, jamais, non jamais, tu pourrais être ici avec moi. Nous ne serions pas ensemble et ce n'est pas ici que tu te retrouverais." J'étais abasourdie, assommée par ses paroles. Je venais de comprendre que je ne pouvais pas mettre un terme à ma vie terrestre. Je n'étais pourtant pas suicidaire, mais j'étais obnubilée par le désir de retourner auprès de l'Être de Lumière. Mon père ne m'avait pas sermonnée, ni fait la morale, mais c'est comme s'il m'avait demandé de continuer ma route sur Terre et cela malgré les souffrances et les difficultés qui allaient survenir. Je savais maintenant que je ne pouvais pas, de mon propre gré, quitter le plan terrestre.

Je remerciai mon père affectueusement, me blottit dans ses bras une dernière fois et le quittai tout doucement. J'ouvris alors les yeux. La méditation était terminée. Je me sentais légère et réconfortée. Désormais, j'allais tout faire pour accomplir la Mission que je m'étais donnée en revenant sur Terre. Du moins, je ferais tout pour la réaliser.

Quelques jours plus tard, j'allai voir ma petite maman pour lui transmettre le message de papa. Elle éclata en sanglots et me dit : "C'est comme ça qu'il m'appelait : ma belle noire. Je me demandais s'il allait bien et où il était. Je lui demandais de me faire un signe. J'étais inquiète, maintenant, je sais."

Lorsqu'on a rencontré l'Être de Lumière et visité ce merveilleux endroit qui ressemble au Soleil, nous éprouvons une grande difficulté à demeurer sur le plan terrestre. Dès que nous faisons face à des problèmes, des complications et que ces obstacles nous semblent insurmontables, le seul désir que nous ressentons est celui de retourner là-haut, auprès de Lui, cet Être d'amour qui nous comprend si bien. Combien de fois m'étais-je répétée : "Comme j'aimerais retourner à la maison". Impossible d'oublier une telle rencontre. Jamais, non jamais, je n'oublierai cette superbe sensation de bien-être et de félicité !!

Cette rencontre restera gravée en moi pour toujours. Je n'ai, depuis, jamais vécu une seule journée sans penser à cet Être merveilleux. Je chéris encore précieusement chaque moment que j'ai passé en sa présence.

# E.M.I.
## Expérience de Mort Imminente

En juillet 1985 et malgré mes bonnes intentions, je vivais encore des moments difficiles, je me sentais abandonnée, seule et dépassée par les événements. Les 3 années qui avaient suivi mon décès avait été particulièrement mouvementées. Étant confrontée à de telles pertes, pour la toute première fois, dans ma vie, j'ignorais totalement que le temps finirait par panser mes plaies. J'étais davantage centrée sur ma peine, sur cet immense gouffre qui m'étouffait et semblait me consumer lentement, mais sûrement.

Ma vie ressemblait davantage à un château de cartes ; elle s'était totalement écroulée. Je faisais face à un terrible échec ! J'avais l'entière responsabilité et la garde des enfants. Comment pouvait on en arriver à une telle situation ? Où était donc la détermination dont j'avais fait preuve lors de ma rencontre avec l'Être de Lumière ? Cet être si compréhensif, si attentionné et si merveilleux ? J'avais naïvement pensé, tout comme un enfant, remonter le temps et repartir ma vie à Zéro ! Comment allais-je réaliser l'Amour Inconditionnel ? Ne lui avais-je pas dit qu'il serait fier de me revoir, car j'aurais tenu mes promesses ? Je me sentais si petite, complètement dépassée par les événements, totalement impuissante ! Déçue, j'étais convaincue que je n'arriverais pas à tenir les promesses faites à mon père et à l'Être de Lumière !

Heureusement que cet Être ne m'avait pas montré ce qu'allait devenir ma vie si je reprenais mon corps car, j'en suis certaine, jamais, non jamais, je n'aurais insisté pour revenir sur Terre. J'aurais certainement préféré revenir une autre fois, tout comme il me l'avait fortement suggéré. J'aurais passé mon tour et je l'aurais suivi sans hésitation. De cette façon, j'aurais évité toute la souffrance que je connaissais et que je faisais subir à mes enfants. J'aurais tant voulu les aider, les soulager, mais j'étais trop envahie, trop étouffée par cette peine!

Tout me semblait tellement lourd en cette superbe fin de journée de juillet 1985. Il faisait pourtant un temps magnifique. L'air était particulièrement doux et une délicieuse odeur de fleurs pénétrait dans la chambre de ma fille Isabelle, là où je me trouvais. Il était 19h00 et la nature semblait prendre une pause et se reposer à son tour! Tout était calme et silencieux.

J'aimais particulièrement m'asseoir au pied du lit d'Isabelle, car je pouvais, tout en étant confortablement assise, sentir une douce brise me caresser le visage. C'est souvent dans sa chambre que j'allais faire mes appels téléphoniques et converser avec mes amies. Pourtant, ce soir-là, j'étais à nouveau terrassée par une profonde tristesse; elle m'envahissait totalement. Je n'arrivais pas à suivre le rythme de la nature. Je me souviens avoir regardé par la fenêtre et m'être dit: "Quelle superbe journée"! Il fait pourtant un temps magnifique, mais comment puis-je être aussi malheureuse? Je suis si triste, je me sens si seule." C'est à ce moment précis que je ressentis un sentiment d'abandon, un peu comme si toutes les personnes de mon entourage, parents, frères, sœurs et amis, m'avaient laissé tomber. Comment était-ce possible? J'étais pourtant convaincue de pouvoir tout recommencer, mais... il n'y avait que des responsabilités et personne pour m'aider, m'encourager et me soulager de ce profond sentiment de désespoir!

Je pensai alors à cet Être de Lumière et l'interpellant, je dis: "Pourquoi m'as-tu abandonnée? Et pourquoi ai-je demandé de revenir? Je suis vraiment stupide, j'aurais dû continuer ma route avec Toi; je serais si heureuse tout près de Toi!" Je me remémorais les merveilleux moments passés auprès de cet Être merveilleux ainsi que du superbe Soleil, cet endroit étonnant, si apaisant et aimant.

Je me sentais complètement épuisée, de plus en plus oppressée et un profond sentiment de détresse et de découragement me submergea totalement. Une immense vague d'émotions m'étouffa complètement. Sans aucun signe, ni avertissement, je basculai vers l'arrière et tombai à la renverse sur le lit, affalée sur celui-ci, les jambes pendantes, au pied du lit! Tout se produisit très rapidement! La seconde auparavant, j'étais assise sur le bord du lit, m'apitoyant sur mon sort et l'instant d'après j'étais propulsée vers l'Extérieur. J'étais bel et bien propulsée, expulsée de mon corps et cette fois-ci, j'en étais entièrement consciente. Oups! Encore une fois! Mais, que se passait-il donc?

C'est incroyable comme les pensées viennent rapidement à notre esprit!!! J'avais senti le mouvement de bascule et je me voyais monter rapidement dans ce que je qualifierais de corridor bleu et blanc... Je réalisais que j'avais quitté mon corps. Je n'étais plus à l'intérieur de celui-ci; j'en étais très consciente. Je me sentais totalement "entière" mais sans corps physique. Je montais à une vitesse vertigineuse. Je passais entre ce qui me semblait être des nuages d'un blanc immaculé et d'un ciel bleu azur. On aurait dit des strates bicolores. J'avais l'impression d'être dans un véritable passage; j'arrivais presque à toucher au pourtour de ce tunnel.

Tout était très lumineux, très clair, mais je savais que si je continuais cette course folle, j'allais bientôt arriver au bout du tunnel. Je rejoindrais sous peu LA Lumière. Une vraie fusée! Plus rien ne semblait vouloir arrêter cette montée. C'était la fin. Je quittais à nouveau le plan terrestre.

Puis, je me remémorai les deux personnes que j'aimais le plus au monde et que je laissais derrière moi. Qu'allait-il advenir d'Isabelle et de Marc-André? Je fus alors prise d'une incroyable sensation de panique, non pas parce que j'avais peur, mais parce que j'abandonnais mes enfants. Il fallait que j'arrête cette course folle et tout ce qui me vint à l'idée, c'était de crier. J'eus l'impression de crier à m'époumoner, mais je sais que ce n'était pas dans mon corps physique, il était complètement immobile et affalé sur le lit. Non, ce n'était pas possible, je ne pouvais pas les abandonner; ils étaient beaucoup trop jeunes. Ils seraient seuls au monde ! Alors, je criai "en esprit" de toutes mes forces et les mots qui sortirent furent : "Mes enfants, mes enfants ! S'il-vous-plaît, non. Pas maintenant, ils sont seuls. Non, je vous en supplie, ils ont besoin de moi. Pas tout de suite, mes enfants, mes enfants ! S'il-vous-plaît, retournez-moi, ils ont besoin de moi !" Je savais qu'il me serait bientôt impossible de retourner sur Terre. Tout allait beaucoup trop vite, je continuais de monter. Je continuai de crier et de supplier. Même si je ne voyais personne, j'implorais le Ciel, convaincue qu'il m'entendait, je les suppliais de me donner une autre chance.

Soudain, un peu comme si j'avais été dans un avion et qu'on m'avait projetée par-dessus bord, je me mis à tomber. On aurait dit un sac de "patates" qui tombait et descendait à toute vitesse !! Je tombais ! tombais ! J'étais incapable de maîtriser le mouvement. Je sentais la course et l'aspiration vers le bas. On aurait dit un saut en parachute, mais sans parachute !

J'avais perdu tout contrôle et je sentis soudain que j'allais toucher terre, mais je tombai directement sur mon corps qui était étendu sur le lit. Ouach ! Quel retour ! J'étais entrée si rapidement dans mon corps que j'avais l'impression d'être rentrée de travers, toute croche. En plus d'être rentrée de travers, je ressentais une très vive douleur à l'estomac, au plexus. J'avais probablement fait une syncope ! J'ouvris alors les yeux et compris que j'étais de retour. J'étais revenue dans mon corps !

Je n'en revenais pas ! Je me frottais l'estomac, car la douleur était toujours aussi vive et persistante. Je me sentais toute croche et mal 'alignée'. Qu'importe, j'étais vivante et de retour. "Wow, incroyable ! Cet Être merveilleux venait de me redonner une autre chance." J'avais été entendue. Je le remerciai et je comptais bien cesser de me plaindre. Plus question de m'apitoyer et de pleurer sur mon sort comme je l'avais fait ces 3 dernières années. Je ferais de mon mieux, avec les moyens que je possédais, pour accomplir les promesses que je lui avais faites. Sinon, je sentais que je pouvais être rappelée à tout moment.

Lorsqu'on est sorti de son corps une fois, on a l'impression de connaître le chemin et que si on ne fait pas attention, on peut repartir sans crier gare.

Il était temps, maintenant, de me remettre au travail. J'étais revenue, je considérais cela comme une chance incroyable ! Je n'avais pas l'intention de perdre ces précieux moments que la Vie et l'Être de Lumière m'avaient accordés.

Je me disais : "Peu de personnes ont la chance de revenir 2 fois, de renaître ; il faut donc que cela en vaille la peine et surtout, il est important, pour moi, de tenir mes promesses".

Lorsque je rencontrerai à nouveau cet Être merveilleux, je veux qu'il soit fier de moi et qu'Il me dise : "Mission accomplie". Je ne voulais surtout pas entendre : "Tu y retourneras une autre fois" et cela, tout simplement parce que je n'avais pas compris la signification de ces deux simples mots : **Amour Inconditionnel.**

# Différence entre la Mort et une E.M.I.

Je sais maintenant qu'il y a une différence entre la Mort et une Expérience de Mort Imminente. Je parle ici de ce que l'on ressent lorsqu'on vit de telles expériences.

Lorsqu'on décède et que c'est notre destination finale, il y a ce sentiment, ce ressenti de non-retour. On sait que tout est terminé, FINI! On SAIT. Tout est terminé et malgré tout ce qu'on laisse derrière soi : des rêves, des projets, des enfants, tout ce que l'on a aimé ou même détesté; tout est définitivement terminé! C'est comme si le lien, le cordon était coupé définitivement. Impossible de faire marche arrière, de changer quoi que ce soit. On le SAIT! C'est trop tard!

Certains essaieront de reprendre leur corps, mais n'y parviendront pas. D'autres seront découragés et souhaiteront parler aux personnes qu'ils viennent de quitter, mais seront totalement incapables d'entrer en contact avec elles. Cela pourrait les laisser dans un état de découragement, de détresse et même de rage s'ils n'ont pas eu la chance de régler des conflits ou de dire ce qu'ils ont trop tardé à exprimer. Certains seront tellement surpris d'avoir traversé de l'autre côté qu'ils se sentiront désœuvrés, ne sachant que faire. Ils seront en attente, car ils n'étaient pas prêts. Heureusement, certains se dirigeront avec grand bonheur vers la Lumière, car ils savent que c'est la première grande porte à franchir, l'ultime destination vers le retour à la MAISON.

J'ajouterais ici qu'il est important de quitter la planète en paix, car les regrets, la tristesse, les remords, la haine ou tout sentiment humain ressenti avant notre départ risque d'être également ressenti après notre sortie, non pas dans notre corps physique, mais dans notre corps éthérique. Cela devient également une entrave à notre propre évolution sur l'autre Plan. Qui d'entre nous connaît l'heure où la grande faucheuse va passer ? Heureux ceux qui ont la chance de s'y préparer. Les personnes qui souffrent avant ce grand départ se sentent délivrées ; mais les autres, comment se sentent-elles réellement ? Sont-elles vraiment prêtes ? Je ne souhaite à personne de souffrir inutilement afin de comprendre comment se préparer pour l'ultime traversée ! Bien au contraire, je désire tout simplement que nous ayons suffisamment de conscience pour partir le cœur léger et prêt pour cette superbe et incroyablement belle aventure qui nous attend.

J'ai rarement vu des personnes sans bagage à l'aéroport ! Nous nous préparons avec grand bonheur pour nos superbes vacances bien méritées ; alors pourquoi n'en faisons-nous pas tout autant pour notre Ultime Voyage ?

*
**

En ce qui concerne l'**Expérience de Mort Imminente**, la sensation est quelque peu différente. On a, au départ, une impression de faire une sortie de corps, un peu comme un voyage astral. Dépendamment de l'accident ou de l'événement qui a produit cette sortie, vous pouvez vous retrouver au-dessus de votre corps, tel un observateur ou en route vers la Lumière, en empruntant le fameux Tunnel. Cependant, vous n'êtes pas encore complètement détaché de votre corps physique. Je compare souvent cette sortie de corps à un saut en "bungee" inversé ; le cordon n'est pas encore coupé, c'est pourquoi, il vous est possible de revenir ! Cette sortie est courte au niveau du "temps", mais elle semble toujours plus longue, car sur l'autre plan, le temps n'a pas la même durée. Il n'est pas linéaire et nous vivons, dans une courte période, beaucoup plus d'émotions et d'actions que sur le plan terrestre.

On peut craindre que tout se termine, surtout si cela s'est produit lors d'un accident d'automobile ou d'une crise cardiaque. L'impact causé par l'accident vous projettera à l'extérieur de votre corps. Vous le regarderez, inerte, et vous tenterez peut-être de le reprendre, d'entrer à l'intérieur, mais ce n'est pas toujours possible sans l'intervention d'une tierce personne. D'autres, par contre, se sentent tellement bien, qu'elles souhaitent continuer leur route vers la Lumière, mais seront retournées, car ce n'est pas encore le moment d'entrer définitivement dans la Lumière. Il arrive souvent qu'une personne défunte que vous avez connue et aimée intervienne et vous dise : "Tu dois retourner, tu n'as pas terminé ta mission, ce n'est pas le bon moment pour toi." Vous serez probablement déçu, mais vous rebrousserez chemin et reprendrez possession de votre corps, tout simplement !

Vous n'oublierez jamais une telle expérience, elle restera gravée en vous à tout jamais. De plus, elle aura un impact important sur toute votre vie, car désormais, vous saurez que la vie terrestre n'est pas une fin en soi. Plus jamais, vous n'aurez de doutes ; vous serez convaincu que la Vie continue, même après la mort. Cette expérience aura été fascinante. Par contre, elle pourra avoir été terrifiante pour certains. Tout dépend de ce qu'ils ont vu, entendu et perçu lorsqu'ils ont quitté leur enveloppe corporelle.

J'ai choisi de vous raconter deux événements ; l'un concerne mon amie Claire et l'autre celui de mon cousin Maurice. Ces deux histoires démontrent bien ce qu'est une Expérience de Mort Imminente (E.M.I.).

Claire et son conjoint, Jean-Claude, revenaient à la maison en automobile par un soir d'hiver. Claire était enceinte de 7 mois, ce serait son premier enfant. La chaussée étant très glissante, Claire perdit le contrôle de l'automobile et il s'ensuivit un capotage ; l'auto fut complètement renversée. L'impact fut si violent que mon amie Claire a subi une fracture au cou ; ce qui normalement aurait dû être fatal. Claire m'a raconté qu'immédiatement après le capotage, elle avait été projetée à l'extérieur de l'automobile. Elle n'avait pas été éjectée physiquement, mais son "Esprit" était sorti. Elle avait quitté son enveloppe corporelle. Elle pouvait se voir, elle était à la fois à l'extérieur et à l'intérieur de l'automobile. Elle observait la scène! Elle entendait tout ce qui se passait.

Elle ajouta: "C'était une drôle de sensation, je ne souffrais pas." Elle observait son mari qui brassait délicatement son corps physique. Jean-Claude, médecin, constata rapidement qu'elle pouvait être décédée". Elle gisait complètement immobile à ses côtés. Il se mit alors à la toucher et cria: "Claire, Claire, es-tu blessée?" Elle semblait sans vie. Claire me raconta qu'elle lui répondait: "Non, non, je n'ai rien", mais il ne l'entendait pas. Cependant, le fait que Jean-Claude l'ait secouée quelque peu, la ramena dans son corps physique. Elle comprit alors qu'elle venait de faire une E.M.I.

Des E.M.I. surviennent souvent lors d'opérations chirurgicales importantes. Il s'agit souvent d'opérations très risquées dont les opérations à cœur ouvert.

Je me souviens de mon cousin Maurice me racontant son opération cardiaque. Il était si surpris et aussi si ébahi; il n'en revenait tout simplement pas! Il savait, lui aussi, qu'une vie après la Mort existait.

C'était toujours avec beaucoup d'enthousiasme qu'il se plaisait à raconter et à donner les nombreux détails de cette fameuse expérience! Il était joyeux et la peur de la Mort n'existait plus!

Comme de nombreuses personnes l'ont déjà raconté, Maurice rapportait les nombreux détails de son opération dont la position des médecins, la musique qu'il entendait, les paroles qui étaient prononcées, etc... Il se trouvait tout simplement au-dessus de son corps et observait ce qui se passait lorsqu'il entendit le chirurgien dire: "Vite, il faut le réanimer, on va le perdre".

Par la suite, il raconta qu'il avait quitté la salle d'opération et emprunté le tunnel. Il se sentait léger et heureux. Il apercevait la Lumière tout au bout de ce tunnel. Il quittait le plan terrestre, il en était très conscient. Alors qu'il continuait son ascension, il aperçut un être cher, une personne qu'il avait profondément aimée, son père. Mais, celui-ci lui dit : "Non, Maurice, il est trop tôt, tu dois retourner. On se reverra, ne t'inquiète pas." Maurice me dit qu'il avait été très déçu à ce moment-là. Il était presque arrivé, mais d'après ce que son père venait de lui dire, il devait revenir sur Terre ! Quelle déception ! "J'étais si bien, si heureux !"

C'est à ce moment précis qu'il eut l'impression d'être aspiré, tiré vers le bas. Plus tard, à son réveil, il sentit une vive douleur au thorax ; les médecins avaient réussi à le ramener, ils l'avaient réanimé !!!

Maurice m'a souvent dit : "Je n'avais plus le goût de revenir, mais on ne voulait pas de moi là-haut". Il riait toutes les fois qu'il prononçait cette dernière phrase, mais je savais très bien que lorsqu'il avait vécu cette expérience, il aurait souhaité continuer sa route. Il était prêt.

Nous avons souvent partagé nos deux expériences de "retour à la vie" et nos superbes sensations de bien-être, tout en sachant tous les deux que nous les revivrions une dernière fois, mais une chose était certaine, nous n'avions plus peur !

De plus, un profond sentiment de sérénité nous envahissait toutes les fois que nous en parlions. Tout simplement, peut-être, parce que nous connaissions la route à emprunter et également parce que nous avions la profonde certitude qu'il y a une Vie après la Mort.

Il y a quelques années, Maurice s'est éteint. Un dernier infarctus l'a emporté. Bien entendu, je me suis empressée d'aller au Salon Funéraire afin d'offrir mes sympathies à Lucie, sa conjointe. J'y ai vécu une expérience fascinante et incroyable ! Lorsque je suis allée auprès du cercueil, j'entendis à nouveau sa voix chaude et forte. Je sursautai ! Bizarrement, je sentais qu'il se tenait tout près de moi. Sa présence était palpable. De plus, il n'avait pas changé ; il riait aux éclats et blaguait comme il aimait si bien le faire de son vivant. Il semblait si heureux et si serein. Je lui demandai s'il souhaitait que je donne un message à son épouse et voici ce qu'il me dicta : "Dislui de continuer de prendre des cours de golf, elle en a bien besoin pour s'améliorer", il éclata à nouveau de rire. Puis, il ajouta: "c'est un sport qu'elle affectionne tout particulièrement. N'oublie surtout pas de lui dire que je l'aime toujours autant et que je suis toujours vivant."

J'informai Lucie du message que je venais de recevoir et ses yeux s'illuminèrent. Surprise, elle me regarda et ajouta: "Ça, c'est bien Maurice! C'est vrai que je suis des cours de golf présentement." Elle semblait tout étonnée que je lui transmette cette information, car j'ignorais qu'elle prenait des cours avec Maurice. Cela venait de confirmer pour elle, la présence de son mari décédé, son Maurice qu'elle aimait tant.

# Rencontre de mon conjoint

Deux semaines avant la rencontre de René, mon conjoint, je méditai et fis une demande bien précise. Voici ce que je prononçai : "Je souhaite rencontrer un homme d'une grande bonté, généreux, attentionné avec un très bon sens de l'humour. Je désire qu'il m'accepte telle que je suis afin de continuer mon travail de "médium". Pour terminer, j'ajoutai : "Je désire que cette union soit la dernière, qu'elle soit très heureuse et riche d'échanges entre lui et moi."

Je le rencontrai, tout à fait par hasard, sur internet. Dès notre première sortie, je constatai son grand sens de l'humour. De plus, sa gentillesse et le plaisir que nous éprouvions à discuter ensemble, sans compter nos nombreux fous-rires firent en sorte que nous avons décidé de nous revoir.

À notre deuxième sortie, je décidai de le mettre à l'épreuve et lui parlai de mes capacités médiumniques. Il était évident qu'il était très sceptique, lui le scientifique, mais il demeurait tout de même curieux et très intéressé. Aujourd'hui, je sais qu'il était convaincu que je lisais dans ses pensées, un peu comme si je faisais de la télépathie, mais j'allais bientôt lui donner des informations que lui seul connaissait et qui feraient toute la différence.

Quoi qu'il en soit, ce fut un réel bonheur de faire sa connaissance. Encore aujourd'hui je remercie le Ciel de l'avoir mis sur ma route. C'est un superbe compagnon de vie. Cet homme merveilleux me comprend, m'encourage et ensemble nous partageons des moments de grand bonheur et des discussions passionnantes et très enrichissantes. Et comme le dit si bien Jean-Pierre Ferland : *"Une chance qu'on s'a."*

# Contact avec Liette,
## la sœur décédée de René

Nous nous fréquentions depuis quelques semaines, mais nous ne connaissions pas encore nos familles respectives. Ce soir-là, je l'avais invité à souper à la maison lorsque soudain, j'aperçus une sphère très brillante à l'encoignure du plafond. Fascinée, je compris rapidement qu'il s'agissait de la sœur de René. Elle était lumineuse et rayonnante. Je lui dis spontanément : "René, ta sœur est ici et voudrait te faire un message." René répondit : "Impossible, ma sœur est à Batiscan (région de la Mauricie) chez ma mère." Il croyait que je parlais de sa jeune sœur qui était toujours vivante. Nous avions échangé très peu d'information sur nos familles respectives ! J'ignorais donc qu'une de ses sœurs était décédée ! J'ajoutai : "Pas elle, mais celle qui est décédée." Incrédule, il me regarda, puis j'ajoutai en souriant, voici son message : "Tu étais bien niaiseux de me perdre dans le champ de maïs et te souviens-tu quand tu faisais le cheval à la table ?" C'était comme s'il avait reçu une douche froide ! Il n'en revenait pas et ajouta : "C'est vraiment ma sœur Liette qui est là, ça ne fait aucun doute. Elle seule connait ces histoires."

Abasourdi, René me raconta que, lorsqu'il avait 6 ans et qu'il s'amusait à l'extérieur avec son ami Jean-Marc, sa jeune sœur Liette, 5 ans, les suivait continuellement. Elle était sans cesse sur leurs talons. Alors, il leur vint l'idée de la perdre dans le champ de maïs, derrière la maison paternelle. Sans méchanceté, les deux amis désiraient s'amuser ensemble. Ils auraient la paix pour un moment. René lui proposa donc de jouer à la cachette dans le champ de maïs. Rendus au centre du champ, il lui dit : "Ferme les yeux, compte jusqu'à 100 et essaie de nous trouver." Puis, ils s'éloignèrent rapidement de Liette, alors qu'elle tentait de faire le décompte. Lorsqu'elle ouvrit les yeux, elle se sentit complètement abandonnée et s'écrasa par terre en pleurant. René pensait qu'elle longerait facilement les rangées bordant les blés d'inde et qu'elle sortirait facilement du champ. "Mais à 5 ans, on ne raisonne pas comme à 6 ans" ajouta-t-il! Malheureusement, il oublia complètement sa jeune sœur et continua à jouer avec son cousin Jean-Marc. Son père s'inquiétant de ne pas voir Liette avec eux, sortit de la maison et leur demanda : "Où est Liette ?" René répondit : "Elle est dans le champ de maïs." Déçu et fâché, son père répliqua : "Bande d'écervelés, allez la chercher tout de suite." René partit sur le champ et retrouva Liette, exactement là où il l'avait laissée ; elle était assise et pleurait, ne sachant plus quoi faire ! Il ajouta : "J'étais profondément désolé, jamais je n'avais pensé qu'elle puisse se perdre ainsi. De retour à la maison, j'eus droit à une sévère réprimande, bien justifiée !"

Puis, je lui demandai : "Que veut-elle dire par faire le cheval ?" René me raconta une autre histoire bien loufoque ; n'oublions pas qu'il n'était qu'un très jeune garçon curieux et hyper actif. Son père, voulant souper calmement avec sa famille, accepta de se prêter à ce jeu. Je pouffai de rire et n'en croyait pas mes oreilles lorsqu'il me la raconta. "Étant trop agité, je voulais sortir de table aussitôt mon repas terminé. Nous prenions souvent de la mélasse et du pain pour dessert, car nous étions très nombreux à la table, 15 exactement ; nous vivions sur la ferme avec la famille de mon père. J'imagine qu'il me trouvait trop turbulent, alors, il se prêtait au jeu du cheval ! Je me mettais à quatre pattes près de lui et je faisais le cheval, hennissant à chaque fois que je voulais une bouchée ; il me donnait alors une bouchée de pain trempée dans la mélasse, me la mettait dans la bouche, tout comme il l'aurait fait si cela avait été un cheval. Tout cela se passait sous les yeux de ma jeune sœur Liette qui ne comprenait absolument pas ce qui se passait. Je sais, je devais avoir l'air d'un idiot, mais j'étais si jeune et j'adorais les chevaux !"

Avant de nous quitter, Liette lui donna des recommandations pour sa mère, sa jeune sœur et sa nièce. René s'empressa de faire le messager.

À partir de cette rencontre avec Liette, son intérêt pour le paranormal fut évident. Il m'interrogeait souvent sur la vie après la mort et cela me permit de lui raconter ma superbe rencontre avec l'Être de Lumière lors de mon décès à l'hôpital! Je lui disais sans cesse que lorsque nous mourrions, nous allions directement à la Lumière; mais cette réponse n'était jamais suffisante! Il cherchait à comprendre et posait de nombreuses autres questions du style: "Mais ceux qui sont revenus parlent souvent de tunnel et d'une lumière au bout du tunnel?" "Qu'y a-t-il après la Lumière?" "Où vont-ils?" Tant de questions! J'avais l'impression d'avoir ouvert une boîte de pandore! Impossible de répondre à toutes ses questions. Il voulait tout comprendre, mais je ne pouvais lui expliquer que ce que je connaissais et ce que j'avais vécu! J'avais davantage besoin de réponses et de preuves!

Je me rendis compte très rapidement que je pouvais facilement entrer en contact avec des personnes décédées. Bien sûr j'avais toujours senti leur présence, mais les avais rarement questionnées, tout simplement parce que au début, j'avais peur de ces entités et par la suite, parce que je n'en voyais pas l'utilité!

# Preuve irréfutable de l'existence des Êtres de Lumière : Tout un spectacle

Cet été là était particulièrement intéressant pour René et moi. Nous nous étions fréquentés pendant presque une année et nous avions finalement décidé de faire vie commune. C'était la première maison que nous achetions ensemble ! Nous avions la chance d'avoir une piscine à l'extérieur et nous adorions, surtout lorsqu'il faisait très chaud, aller nager vers 23 heures, juste avant d'aller au lit. On avait l'impression d'être seuls au monde. Tout était très calme et nous aimions en profiter pour faire quelques longueurs ou tout simplement piquer une bonne jasette. L'eau était chaude et nous étions tout simplement heureux de partager ces superbes moments ensemble. Bien entendu, nous finissions toujours par discuter d'ésotérisme et j'avoue que, j'aurais bien aimé sauter ce sujet, du moins, occasionnellement. Il ne faut pas oublier que René a une formation en génie et physique alors que moi, j'ai complété des études en enseignement, en massothérapie et en aromathérapie. Aucune similarité entre nos études ! J'ai toujours été passionnée par les médecines alternatives alors que René a besoin de concret. Imaginez, un seul instant, toutes les questions auxquelles je devais répondre lorsque nous abordions des sujets tels que l'ésotérisme ! Il avait besoin de preuves concrètes et non pas de "sensations" et encore moins d'intuitions.

Bizarrement, c'était ce qui m'avait attiré chez-lui. Je pourrais, m'étais-je dit, lui raconter un phénomène paranormal vécu et il pourrait sans doute me fournir une explication très "physique", une preuve scientifique.

Ce soir-là, nous avions à nouveau abordé ce sujet. Je me souviens très bien lui avoir dit: "Crois-tu vraiment que nous soyons seuls dans ce grand Univers?" Quelque peu exaspérée par ses nombreuses questions, je lançai un cri du cœur à l'Univers en formulant "intérieurement" ma demande: "S.V.P. Pourriez-vous lui prouver que vous existez?" Je ne m'attendais à rien de concret, du moins, pas dans l'immédiat. Cependant, la réponse fut spontanée; voici ce qui se passa. Je laisse René vous le raconter.

René: *"Le firmament était splendide avec ses amas d'étoiles sur fond noir. Il me vint le goût de repérer l'Étoile Polaire dans cette multitude d'étoiles. Je commençai alors par localiser la Grande Ourse, constellation facile à repérer avec sa forme de chaudron inversé. Je l'ai trouvée rapidement et elle était vraiment splendide. Ayant passé quelques instants à l'admirer, je m'apprêtais à me diriger vers la Petite Ourse où se logeait l'Étoile Polaire quand, soudain, l'Étoile Alpha Grande Ourse se mit à bouger. Surpris, je vis qu'elle se dirigeait lentement vers le Sud en suivant une trajectoire en forme de spirale, telle une cuillère utilisée par les pêcheurs pour attirer les poissons. Par la suite, elle se mit à reculer de façon saccadée et reprit sa trajectoire Nord-Sud. Je n'en revenais pas! Je me demandais si c'était causé par l'effet des mouvements de l'eau dans la piscine. Je décidai de sortir et me suis assis sur le rebord de la piscine afin de stabiliser les mouvements de mon corps, l'étoile continuait de bouger! Diane me demanda alors: "Pourquoi es-tu sorti de la piscine?" Je répondis: "Je vois bouger une étoile." Diane regarda alors le firmament et me dit: "Je la vois, moi aussi!" Sorti de l'eau, le mouvement de l'étoile perdurait, oscillant comme un poisson nageant dans un aquarium avec des mouvements de recul saccadés. Impossible que ce soit une étoile filante, car elle voyagerait d'Est en Ouest comme la station spatiale. Un avion?... Impossible, ça ne recule pas! Se peut-il que ce soit un hélicoptère? C'était trop haut dans le firmament. Était-ce un ballon sonde? J'eus à peine le temps de me poser la question que l'instant suivant, les 4 étoiles formant le chaudron de la Grande Ourse s'éloignèrent à grande vitesse de la constellation. WOW me dis-je. Qu'est-ce qui se passe là? Je regardai Diane et ajoutai: On va sûrement en parler dans tous les journaux demain! Or, le lendemain matin, aucune nouvelle sur le phénomène. Diane et moi étions les seules personnes à avoir observé cet incroyable phénomène."*

Encore aujourd'hui, je ne peux apporter d'explications à ce que nous avons vu ce soir-là. Tout ce que je peux ajouter, c'est que je leur ai demandé une preuve de leur existence et c'est ce qu'ils ont choisi de faire pour le démontrer. C'était grandiose et vraiment spectaculaire!

Ce superbe spectacle dura près de 15 incroyables minutes!

# Au secours de Danielle

Un matin d'automne, alors que René s'apprêtait à partir pour le travail, je reçus une information que je jugeai capitale et lui dit : "Une de tes consœurs de travail a le cancer, tu devrais l'avertir." René me fixa, surpris, et me dit : "Qui est-ce ? Nous sommes plus de 250 profs !" Je demandai à l'Être de Lumière qui m'informait, de me donner plus de détails, car je n'arrivais pas à capter son nom. Il me montra qu'elle serait vêtue d'une blouse blanche et d'une jupe noire. Il m'informa également qu'elle avait de longs cheveux noirs, attachés en "toque" à l'arrière de la tête ! Je crus ces informations bien insuffisantes, mais René quitta plus tôt, ce matin-là, afin de bien observer les profs qui entraient au travail. Scrutant chacun d'eux, il aperçut Danielle, professeur de chimie, exactement comme l'Être de Lumière l'avait décrite.

Je n'ai, jusqu'à ce jour, jamais rencontré Danielle, n'ai jamais vu aucune photo d'elle ; ce qui compte pour moi, c'est que l'Être m'a demandé d'intervenir. Je n'ai rien remis en cause, jugeant que cela devait être important. J'ai agi comme "messager" tout simplement. C'est pourquoi, je laisse René vous raconter la suite des événements.

René : "Lorsque j'ai aperçu Danielle, je suis allé vers elle et lui dit : Bonjour Danielle, est-ce que tu vas bien ?

D   Très bien.

R   La santé va bien ?

D   Très bien, je me porte à merveille.

Devant ces réponses, je n'insiste pas et de retour à la maison, je dis à Diane qu'elle doit se tromper, car Danielle m'a dit que tout allait bien.

Diane me répond : "Insiste et parle-lui de l'arbre qui se trouve à l'arrière de sa maison ; elle le regarde tous les soirs avant de se coucher."

Le lendemain, au travail, je revois Danielle et lui parle de son arbre favori. Stupéfaite, elle m'apprend que cet arbre a été planté à la naissance de son fils. Il a quitté la maison, mais tous les soirs elle regarde cet arbre et se remémore les bons moments passés en sa compagnie. Je lui explique ensuite que Diane, ma conjointe, est médium et que cette information me vient d'elle. J'ajoute : "Diane te demande de consulter un médecin de toute urgence, car elle voit la possibilité que tu aies un cancer." Danielle m'avoue qu'elle se sent faible et a de la difficulté à terminer ses journées de travail, mais elle le cache car elle ne veut pas que personne s'en aperçoive. Elle me quitte en me promettant d'aller passer des tests de dépistage de cancer. Quelques semaines plus tard, suite à une radiographie, elle m'informe des résultats de son test : "négatif". Il n'y a aucune trace de cancer ! De retour à la maison, j'en parle à Diane qui n'en revenait pas. Elle ajoute : "C'est impossible ! Pourquoi l'Être de Lumière me montrerait-il une chaudière débordante de globules blancs à chaque fois que tu me parles de Danielle ?" Elle ajoute : "Insiste pour qu'elle passe d'autres tests." Danielle était trop heureuse des résultats obtenus et refusait de se prêter à d'autres examens. Cependant, toutes les fois que j'en parlais à Diane, elle revenait, insistante, sur la fameuse chaudière de globules blancs. Diane insistait, mais Danielle refusait !

Trois mois plus tard, Danielle fut appelée par la clinique médicale afin de repasser des tests, car ils venaient de se rendre compte que la machine utilisée pour la radiographie était défectueuse. Ce dernier examen révéla qu'elle souffrait d'un cancer du sein !

Heureusement, elle fut rapidement prise en charge par l'équipe médicale. Elle dut subir des traitements de chimiothérapie. Danielle est aujourd'hui en rémission de son cancer.

Comme je l'ai dit précédemment, je n'ai jamais rencontré Danielle. Cependant, cette histoire fit rapidement "boule de neige", ce qui emmena de très nombreuses demandes de consultations de la part des enseignants de cette école.

# L'enfant kidnappée

Quelques années plus tard, une jeune fille fut kidnappée au Québec. Son enlèvement créa des recherches pendant des semaines, des mois et même des années. Nous nous sentions tous interpellés par cet enlèvement. Malheureusement, aucune de ces recherches ne permit de la retrouver; ce qui nous laissa tous avec de très nombreux questionnements et que dire des souffrances innommables et impensables pour sa famille. La pire des souffrances pour un parent, c'est de perdre un enfant. Comment pouvaient-ils surmonter l'enlèvement? Ne jamais savoir ce qui s'est passé est certainement le pire des scénarios.

Puis, un jour où j'allais conduire des amis à l'aéroport, je vécus une expérience qui allait changer mes convictions. J'attendais en ligne afin de me procurer un café lorsque j'entendis une enfant prononcer mon nom: "Diane, Diane, aide-moi!" Je croyais qu'une ancienne élève m'avait reconnue et m'interpellait. Je me retournai, mais je ne vis personne. Je crus que ses parents l'avaient rappelée et je me replaçai dans la file, sans chercher plus loin. Puis, j'entendis à nouveau ces mêmes paroles: "Diane, Diane, aide-moi!" Encore une fois, je me retournai et fis un 180 degrés et il n'y avait toujours pas d'enfant près de moi. Je me demandais bien où elle était passée. Je scrutai mon environnement, mais tout ce que j'aperçus était une affiche sur le mur, à ma gauche, tout près de moi. Sur celle-ci, il y avait la photo de la jeune fille qui avait été enlevée et dont on était toujours sans nouvelle.

Je regardai l'affiche et lui posai "intérieurement" la question: "Est-ce toi qui a besoin d'aide?" Surprise, j'entendis: "Oui, aide-moi!" Elle semblait si désemparée que je lui promis de l'aider dès mon retour à la maison. Cependant, il devenait maintenant évident pour moi qu'elle était décédée. Malheureusement, cette petite ne le réalisait pas encore. Elle était paniquée, perdue et cherchait à obtenir de l'aide et du réconfort.

Dès mon retour à la maison, je décidai de méditer et d'entrer en communication avec la petite. Je tenais absolument à tenir mes promesses. Elle était demeurée sur le plan terrestre, cherchant désespérément à parler à ses parents et aussi incroyable que cela puisse paraître, elle était demeurée là, où son assassin l'avait enterrée. Je fis de mon mieux pour l'aider à reprendre sa route ; car je sais très bien qu'elle aurait aimé retrouver sa famille, ses parents et ses amis, mais cela était bien terminé, elle le comprit. Je pus ainsi la guider, la conduire vers la Lumière. C'était très touchant et juste avant de me quitter, elle me remercia affectueusement.

# Annonces classées

Suite à ce que René avait expérimenté et aux preuves concluantes dont il avait été témoin, il devint donc mon plus chaleureux partisan. Il suggéra même de passer une annonce sur internet. Il souhaitait que le plus grand nombre de personnes possible puissent profiter de mes dons de "médium". Je refusai car j'étais convaincue que très peu de gens s'intéressaient aux phénomènes paranormaux. Il était si convaincu de son utilité qu'il m'inscrivit à mon insu.

À ma très grande surprise, je fus rapidement inondée d'appels et de demandes de consultations. Pour couronner le tout, mon fils Marc-André, programmeur de sites web, m'offrit un superbe site internet pour mon anniversaire. Il y faisait l'éloge de mes talents. Cela eut pour effet d'augmenter le nombre de demandes de consultations et d'attirer également les regards des diffuseurs de télé et postes de radio. Je refusai la totalité des participations à différentes émissions télévisées jusqu'au jour où une très gentille recherchiste me téléphona et me demanda de me joindre à une émission radiophonique consacrée au paranormal. Nous nous trouvions à quelques jours de l'Halloween, donc tout ce qui touchait à l'ésotérisme ou le paranormal devenait un sujet passionnant pour tout commentateur télévisuel ou radiophonique!

Cette émission [1] était animée par Éric Salvail et Isabelle Racicot, des animateurs très populaires au Québec. La recherchiste m'informa que quatre autres personnes avaient accepté l'invitation et que je serais la cinquième participante. L'émission durait une heure et

---

[1]    *Salvail Racicot pour emporter*, Radio Énergie 94.3 FM. Émission du 17 octobre 2007.

chacun des invités évoluait dans le domaine paranormal. Je refusai encore une fois, car je craignais que Monsieur Salvail ridiculise le fait que je sois une "voyante-médium", mais elle me rassura et me promit que Monsieur Salvail serait très respectueux. J'acceptai! De toute façon, pensais-je, je ne serais pas la seule invitée et cela ne durerait que quelques minutes.

# Émission radiophonique

É ric Savail me fit passer en premier, mais il était tellement intrigué par le fait que je sois "décédée" et que je puisse communiquer avec les défunts qu'il décida de me garder pour toute la durée de son émission. Bien entendu et sans que j'aie eu le temps de me préparer, il me demanda si je savais ce qui était arrivé à la petite fille kidnappée. Sans hésiter, je répondis : "Elle est décédée." Il fut si surpris de ma réponse qu'il rétorqua : "C'est votre opinion, vous n'en avez aucune preuve." Je réalisai immédiatement l'énormité de mon affirmation, alors je tentai de dire que c'est ce que je croyais, sans mentionner mon contact avec la petite. Comme la jeune fille n'avait pu me donner l'endroit où elle se trouvait avec précision et qu'elle me parlait uniquement du bois et du bruit qu'elle entendait, il m'était impossible de la localiser, car elle-même l'ignorait.

Nous continuâmes l'émission et je tentai de répondre aux nombreuses questions d'Éric et d'Isabelle sur différents sujets touchant la mort et aussi sur des prévisions les concernant. Je devins donc leur seule invitée! Pendant les pauses radiophoniques, Éric m'informa qu'il recevait de nombreuses demandes des personnes souhaitant avoir mon numéro de téléphone. Ces personnes désiraient me rencontrer en privé! Je refusai qu'il diffuse mon numéro en onde et lui demandai que ces personnes passent par la téléphoniste. Celle-ci les dirigerait vers mon site internet. Je pensai que si ces personnes étaient vraiment sérieuses, elles accepteraient de faire cette démarche.

Pendant ce temps, René était installé sur internet enregistrant l'émission et c'est là qu'il constata le grand intérêt des gens, car les demandes de consultations entraient par centaines sur mon site web. Une vraie folie, je n'avais jamais vu cela! De plus, la majorité des demandes de consultations concernaient le contact avec les défunts. J'étais estomaquée et surprise par tout l'intérêt que l'on portait à ces derniers. J'étais loin de me douter que j'allais faire de superbes découvertes et que ma compréhension de l'au-delà allait devenir un point culminant de ma recherche.

# Où allons-nous après la mort?

Pendant de nombreuses années, j'étais convaincue que lorsque nous mourrions, nous étions tous propulsés vers la Lumière puisque c'est ce que j'avais vécu. Je ne voyais donc pas l'utilité d'entrer en contact avec les personnes décédées, pensant qu'elles avaient toutes traversé la Lumière. Pourquoi les déranger? me disais-je. Elles devaient être si bien et si heureuses dans cet endroit de bonheur et de félicité!

Ma rencontre avec l'enfant, cette petite fille enlevée de ses parents, m'avait profondément bouleversée et je compris que je pouvais faire la différence. Je pouvais aider certains défunts à emprunter la route qui les guiderait vers cette superbe Lumière.

Les centaines de rencontres qui suivirent me prouvèrent que nous n'empruntions pas tous le même chemin. Plus je dialoguais avec les défunts et plus je découvrais l'étendue de la route à parcourir. Contrairement à mes convictions, je réalisais avec grande tristesse qu'il existait de nombreux détours et méandres avant l'entrée dans la Lumière.

Je sais maintenant que la première grande porte à franchir est celle de la Lumière. Pourquoi certains d'entre eux n'y vont-ils pas directement après leur décès? J'allais bientôt le découvrir. De plus, je constatais que cette destination est extrêmement bien structurée et surtout hiérarchisée.

Finalement, je compris que pour se retrouver dans la Lumière, il fallait se délester complètement. Plus question d'attachement aux biens terrestres, plus question de sentiments comme la rage, la haine, la jalousie, plus aucun attachement que ce soit à des possessions ou à des personnes. Il fallait tout laisser derrière soi. Sinon, nous retardions notre superbe ascension.

Les grandes souffrances causées par des cancers ou autres maladies débilitantes nous aident à nous détacher complètement du plan terrestre. Nous n'avons qu'un but, être libéré de ces supplices, d'un corps aussi souffrant! Alors, nous partons un peu comme si nous laissions derrière nous nos vieux habits et que nous nous sentions enfin libres! Nous ressentons enfin ce grand bien-être tant désiré et, sans regret nous quittons ce plan terrestre. Direction: La Lumière!

Quand nous décédons, différentes avenues s'offrent à nous. Tout dépend de notre évolution ou de l'attachement que nous portons aux êtres ou aux objets appartenant au plan terrestre.

1.  Si nous sommes complètement libérés de ces attachements, nous n'avons besoin d'aucun intermédiaire pour passer directement à la Lumière.

2.  Certains seront accueillis par un comité d'accueil, composés de membres de leur famille ou d'amis décédés, car cela leur permet de passer sans crainte vers la Lumière.

3.  D'autres se retrouveront sur des paliers se dirigeant vers la Lumière.

4.  Certaines personnes décédées demeureront près de la Terre pour différentes raisons: elles ignorent qu'elles sont décédées et tentent de reprendre leur corps, sans y parvenir. Elles refusent la mort! D'autres désirent demeurer ici afin de continuer à contrôler les personnes de leur entourage. D'autres, par contre, souhaiteraient s'excuser auprès de personnes qu'elles ont offensées, mais sont incapables d'entrer en contact avec ces personnes.

5. D'autres emprunteront le palier du plaisir.

6. Il existe également les errants qui restent sur notre plan. Comme le mot le dit, ils errent ne sachant pas où aller.

7. Cependant, les plus "amochés", dont les suicidés, se retrouveront dans un endroit ressemblant à une pièce lugubre afin qu'ils fassent le point sur le geste commis.

Certains me demanderont: "Mais où vont les jeunes enfants à leur décès?" Rares sont nos tout petits qui ont eu le temps de s'attarder à des possessions. Ceux-ci seront accueillis par des Êtres de Lumière chaleureux et affectueux qui auront davantage une apparence humaine afin de ne pas les inquiéter. Ils s'en occuperont comme le ferait un parent bienveillant. Ils joueront avec eux, les consoleront d'avoir perdu leurs parents terrestres. Dans cet endroit féerique, d'une grande beauté et aux couleurs éclatantes, ils découvriront qu'ils sont beaucoup plus qu'un enfant. Quand ils auront compris qu'ils sont des entités à part entière, ceux-ci quitteront ce merveilleux endroit où ils ont été accueillis et se dirigeront directement vers leurs groupes, leurs familles d'âmes avec qui ils évoluent depuis des siècles. Ils seront heureux de retrouver ces êtres qu'ils aiment tant.

Est-ce possible qu'un jeune enfant refuse de quitter le plan terrestre? Très rarement. Cependant, il arrive que la perte ou la séparation d'avec ses parents terrestres soit extrêmement pénible pour lui, autant qu'elle est difficile pour les parents. L'enfant tentera alors de s'accrocher à eux, cherchant désespérément à communiquer avec eux. Tant que les parents pleureront ou souffriront sa perte, ce dernier pourrait essayer de demeurer auprès d'eux.

Dans la majorité des cas, les Êtres de Lumière viennent le chercher rapidement pour le conduire vers ce "paradis"; mais s'il refuse de quitter le plan terrestre, cela lui prendra plus de temps à joindre ce merveilleux endroit d'apprentissage et de compréhension.

# À quoi ressemblent nos défunts lorsqu'ils se présentent à nous

Les formes et apparences de nos défunts diffèrent énormément. Tout dépend du niveau qu'ils ont atteint.

Les errants ont exactement la même apparence qu'au moment de leur décès. Même âge, même apparence, denses, mais légèrement éthérés. S'ils étaient aigris ou enragés, ils le seront sur l'autre plan. Rien ne change pour eux.

Quant aux "accros ou dépendants" qui cherchent désespérément à boire, à se droguer ou toute autre dépendance, ils gardent également la même apparence physique qu'avant leur décès. Eux aussi sont denses et légèrement éthérés. Ces "accros" ont les traits ravagés et crispés. Ils sont aigris et désespérés, car ils demeurent dans les mêmes endroits où ils obtenaient l'objet de leurs désirs. Ils errent dans ces endroits qu'ils fréquentaient. Ils peuvent voir et sentir, mais impossible pour eux d'obtenir ce qu'ils convoitent tant. Ils sont constamment en manque. Imaginez à quoi ressemble une personne cherchant de la drogue et qui a un besoin urgent de sa dose. Si vous la croisez sur l'autre plan, vous sentirez, chez-elle, les mêmes besoins, les mêmes désirs et le même désarroi que lorsqu'elle était vivante.

Quant à celui qui s'est suicidé, il est souvent désespéré, découragé! Il ne comprend pas. Il conserve exactement la même apparence physique qu'il avait avant son décès. Cependant, son visage est tellement crispé, qu'il semble presque déformé. Rien n'a changé pour lui ; il semble figé dans le temps, celui où il commit l'irréparable.

Je me souviens avoir assisté aux funérailles d'un jeune homme qui s'était pendu et, croyez-moi, il était inconsolable. Il pleurait à chaudes larmes. Il souhaitait désespérément parler à son père afin de lui demander pardon. Il s'accrochait à lui, le suppliant de l'aider, mais impossible, car le père dévasté ne le voyait pas et ne l'entendait tout simplement pas !

Tous les suicidés que j'ai croisés étaient habités par une immense tristesse et un profond désespoir. Ils avaient besoin d'aide. Ils se sentaient abandonnés et perdus. Ils ne comprennent pas pourquoi ils n'ont pas été libérés de leurs souffrances. Ils regrettent amèrement leur geste, mais trop tard, ils ne peuvent plus faire marche arrière. Ils se retrouvent tous isolés, par la suite, dans un endroit ressemblant à une pièce lugubre et sombre, se demandant pourquoi ils souffrent encore autant. Ils ressentent cette même douleur et ce profond désespoir qui les a poussés au suicide. De plus, ils revivent en boucle les gestes commis et supplient qu'on leur apporte une aide qui les délivrera. Croyant se libérer, ils se sont isolés et leur souffrance ne leur donne aucun répit.

D'autres défunts qui avaient peur de mourir, mais qui n'étaient plus coincés par des "besoins" de possessions ou d'attachements ont eu la chance d'être accueillis par un Comité d'accueil formé de personnes décédées qu'ils ont aimées et fréquentées lorsqu'ils étaient vivants. Il s'agit habituellement de membres de leur famille ou d'amis qui les accueillent afin de leur faire comprendre et accepter leurs décès. Ces défunts ne changent presque pas. Ils gardent la même apparence, celle qu'ils avaient juste avant leur départ. Ils ont la même taille, même allure qu'avant leur décès. Ils sont plus détendus, les traits de leur visage sont rafraîchis et paraissent rajeunis de quelques années. S'ils étaient en chaise roulante ou très handicapés, ils ne le sont plus. Ils marchent librement. Ils sont joyeux et rayonnants car ils retrouvent des personnes qu'ils ont connues et aimées.

Par la suite, j'ai rencontré des entités se trouvant sur différents pa-liers. Cela me fait penser à un escalier 'imaginaire' se dirigeant vers la Lumière. Ces derniers s'élèvent et montent lentement. Tout dépend d'eux. Ils possèdent le "libre arbitre". Au tout début, ils conservent leur forme humaine, celle qu'ils avaient avant leur départ. Et tout comme nos défunts qui ont été accueillis par le Comité d'accueil, ils ne souffrent d'aucun handicap physique. Ils sont libérés de tout malaise ou souffrance dus à des problèmes de santé. Bien entendu, j'ai toujours remarqué un visage rajeuni, des traits parfaits, aucune ride, aucune cicatrice. Leur seul 'petit' handicap est l'attachement qu'ils portent encore aux personnes ou à leurs biens terrestres. À mesure qu'ils se détachent et qu'ils s'acheminent vers la Lumière, les changements physiques deviennent visibles. Ils sont de plus en plus éthérés, parfaits et presque translucides!

J'eus droit à une surprise de taille lorsque j'arrivai au 7e palier. Je compris que celui-ci n'était pas obligatoire. J'ai surnommé ce pa-lier "le palier du plaisir", car il sert uniquement au "plaisir", telle une récompense bien méritée. Lorsque nous sommes complètement libérés de toute attache terrestre et que nous pouvons enfin entrer dans la Lumière, ce palier nous est accessible.

Je l'ai découvert lorsque Jonathan, un jeune garçon décédé à l'âge de 10 ans, s'est présenté lors d'une séance avec sa maman. Elle désirait savoir si son fils était passé à la Lumière. Celui-ci souffrait de paralysie cérébrale et avait succombé à de graves problèmes pul-monaires. Toute sa vie, il avait été confiné à son fauteuil roulant. Il était un fier partisan de hockey et aurait tant souhaité, sur Terre, pra-tiquer ce sport; mais son lourd handicap ne lui permettait aucune pratique de quel que sport que ce soit.

Jonathan s'était présenté rayonnant et sans chaise roulante. Il était jeune et jouissait de tous les privilèges qu'il souhaitait. En plei-ne forme physique, il avait créé le monde dont il rêvait de son vivant. Il courait dans les champs. Il conduisait une superbe bicyclette et, finalement, il raconta qu'il pouvait enfin jouer au hockey, son sport préféré. Il arborait un large sourire et irradiait de bonheur.

J'y ai également rencontré de nombreuses personnes qui s'étaient redonné la jeunesse ou l'âge qu'ils préféraient lorsqu'ils étaient sur Terre. De plus, chacun avait recréé ce qu'il souhaitait. Certains se retrouvaient sur un voilier sillonnant les mers, d'autres nageaient avec les dauphins alors que certains jouissaient d'immenses propriétés et de superbes jardins. Tous avaient un point en commun, ils étaient profondément heureux et s'apprêtaient à entrer dans la Lumière.

Par la suite, j'ai rencontré des êtres qui avaient dépassé la Lumière. Là, tout est différent. Ils abandonnent allègrement toute forme humaine. Ils changent complètement d'apparence. Lorsque je les appelle, souvent suite à une demande d'une personne venue me consulter, ils se présentent sous forme d'énergie. Ils arborent différentes teintes, allant d'un jaune pâle à un mauve très lumineux. Ils ont presque toujours une couleur unique. Imaginez les différentes teintes de l'arc-en-ciel et vous saurez qu'ils peuvent afficher l'une des multiples couleurs qui en fait partie. La couleur qui les identifie est reliée directement au niveau d'évolution qui est le leur. Ils me font penser aux Êtres de Lumière, mais ils sont plus denses. La couleur semble plus concentrée. S'ils sont encore plus évolués, de nombreux points lumineux très brillants et scintillants enveloppent la couleur de l'entité. C'est toujours très fascinant de les observer. Lorsqu'ils communiquent, je les reçois en pensée, un peu comme des paroles résonnant à l'intérieur de moi. Ils sont toujours très joyeux et remplis d'amour et de compassion.

À certains moments, lorsqu'ils veulent prouver qu'ils sont bien la personne que nous désirons rencontrer, ils font apparaître une marque très distinctive prouvant que c'est bien eux. Il peut s'agir d'une main arborant une superbe bague, de beaux grands yeux bleus ou un objet leur ayant appartenu. C'est toujours un moment très émouvant pour la personne venue les rencontrer. Je me souviens d'un jour où la mère d'une consultante s'est présentée avec un gâteau. Tout ce que j'aperçus, à part son incroyable couleur bleue entourée de lumières scintillantes, ce fut un gâteau au chocolat à 2 étages auquel il manquait le quart du crémage. Je ne comprenais pas, mais lorsque j'en informai ma consultante, elle éclata en sanglots et me dit : "C'est bien ma mère, elle savait que je n'aimais pas le glaçage et toutes les fois qu'elle nous préparait un gâteau, elle me laissait ma part non glacée afin de me faire plaisir."

De plus, ces êtres merveilleux qui ont dépassé la Lumière, sont toujours aimants, charitables, et font toujours, toujours l'éloge de l'Amour et du Pardon. Ils encouragent régulièrement la personne venue les rencontrer. Ils ne souffrent plus, ils sont comblés et très heureux.

# Notre famille d'Âmes

Après avoir traversé la Lumière, nous rejoignons enfin notre famille d'Âmes. Je me plais à dire que nous retournons à la Maison ! Là-haut, cela signifie retrouver les âmes ou entités avec lesquelles nous nous incarnons sur le plan terrestre afin d'évoluer spirituellement. Cette famille spirituelle se réunit toutes les fois que l'un d'entre nous décède. Elle nous accueille après notre long périple sur Terre afin de célébrer notre travail avec toute la joie et le bonheur de retrouvailles bien méritées. Nous célébrons ensemble et baignons dans cette superbe atmosphère d'Amour inconditionnel, cet Amour que nous essayons tant de reproduire sur le plan terrestre.

Notre famille d'Âmes est composée d'Âmes appartenant au même niveau d'évolution que le nôtre. Cela ressemble à notre famille terrestre, mais là, nous nous souvenons des vies passées ensemble. La mémoire de nos différentes incarnations nous est finalement redonnée.

Nous nous entraidons, nous nous encourageons les uns les autres, car nous savons très bien que la réussite de l'un aidera au cheminement de l'autre. Nous sommes tous interreliés. Nous faisons partie de la même cellule, de la même famille.

Certains membres seront absents, car leur mission terrestre n'est pas encore terminée ; mais, tout comme dans nos réunions familiales, ils seront tenus au courant le moment venu.

Dans les prochains chapitres, je vais tenter de vous expliquer, au mieux de mes connaissances, chacune des différentes étapes que nos disparus empruntent après leurs décès. Vous remarquerez que nos échanges sont transcrits dans le même langage que je les ai reçus. Je les ai gardés tels quels afin de ne rien altérer de ces contacts avec eux. Ils sont authentiques.

# Deuxième Partie

## Les Défunts

# Les errants

La majorité des errants ignorent qu'ils sont décédés. Cela peut se produire lorsqu'une personne meurt dans son sommeil ou lors d'un grave accident. Ils n'ont rien vu venir et n'ont pas eu la chance de préparer leur départ. Ils demeurent donc sur la Terre. Ce qu'il faut comprendre ici, c'est que tout a également un rapport avec notre "libre arbitre".

Ils ont souvent l'impression d'être dans un rêve. Ils ne comprennent pas ce qui leur est arrivé. S'ils ont eu un grave accident d'automobile, leur première réaction sera de tenter de reprendre leur corps, de s'installer dans celui-ci afin de le remettre en fonction. Quand ils s'aperçoivent que cela ne fonctionne pas, ils demeurent présents sur le plan terrestre. Ils suivent leur corps, leurs amis ou reviennent tout simplement à la maison. Ils tenteront de communiquer avec vous, mais vous ne les entendrez pas ; ce qui les décevra énormément. Ils ne savent tout simplement pas où aller. Cela me fait énormément penser à l'histoire de Sam Wheat dans le film mon fantôme d'amour "Ghost"[2].

Dans ce film, Sam a été assassiné alors qu'il revenait d'une soirée avec son amie Molly. Ne comprenant pas ce qui lui arrivait et surtout qu'il désirait demeurer auprès de celle qu'il aimait, il est demeuré sur la plan terrestre. Il refusait de joindre la Lumière ! La majorité des errants tentent de reprendre leur vie en main, mais cela est impossible ; n'étant pas prêts à joindre la Lumière, alors celle-ci n'apparaît pas !

---

2   Ghost. Paramount Pictures, 1990.

Vous penserez probablement: "Mais pourquoi n'interviennent-ils pas là-haut? Ils nous observent lorsque nous traversons de l'autre côté du voile, mais s'ils sentent la moindre résistance, ils nous laisseront réfléchir jusqu'au moment où ils sentiront que nous sommes enfin libérés de toutes nos attaches terrestres. Puis, ils nous accueilleront avec grande joie et bonheur! De là notre Libre arbitre, si nous laissons tout derrière nous et que nous acceptons sans regret ce départ; alors nous entrerons directement dans la Lumière.

Il existe également une toute autre catégorie d'errants, il s'agit des "dépendants", ceux-ci étaient soit des alcooliques, des toxicomanes, etc... Lorsqu'ils meurent, leur soif d'alcool ou de drogue est toujours insatiable. Ils chercheront désespérément à combler leur manque, errant dans les bars ou les endroits qui les alimentaient auparavant. Ils chercheront désespérément à combler leurs besoins. Personne ne les entend, alors qu'eux peuvent encore sentir les odeurs, voir ou entendre. La seule différence est qu'ils sont invisibles pour la majorité des gens. Cependant, pour eux, rien n'a changé. Imaginez la souffrance de l'alcoolique qui se trouve dans un bar, qui sent l'alcool, mais qui est totalement incapable d'être servi et de boire! Cela peut durer des années!

# L'homme et ses cordes de bois

J'ai été désarmée lorsque j'ai rencontré un errant qui refusait de quitter sa maison. Je me souviens très bien de cette rencontre, car je ne comprenais pas comment on pouvait rester aussi coincé sur le plan terrestre. Voici son histoire :

Ma sœur Ginette et moi marchions sur le bord d'un très beau lac à Lambton (Québec) où elle avait finalement décidé de s'installer avec sa famille. Puis, elle me montra une maison qu'elle avait bien failli acheter. Elle continua à marcher un peu plus loin alors que je restai là à observer l'endroit. J'aperçus soudainement un vieil homme qui rôdait autour de la maison. Je voyais bien qu'il était décédé, mais celui-ci semblait l'ignorer ! Il devait avoir 85 ans environ, était vêtu d'un vieux 'jean' et d'une chemise carrelée rouge et noire. Lorsqu'il m'aperçut, il marcha en ma direction puis, lorsqu'il fut tout près, il me demanda : "Où est mon bois ?"

"Pardon ?" lui dis-je.

Fâché, il répéta : "Où est mon bois ? Où est ma chaise berçante ?"

Je lui demandai : "Ne vois-tu pas la lumière ?"

Il me répondit : "Quelle lumière, il n'y a pas de lumière !"

C'est à ce moment que je réalisai qu'il était coincé sur le plan terrestre. Il était si attaché à ses possessions qu'il refusait catégoriquement de m'écouter. Il était furieux ! Il n'avait qu'un seul but : récupérer ses cordes de bois et sa chaise berçante. Cela m'attrista profondément, mais il refusait mon aide. Je le quittai et rejoignis Ginette qui se demandait bien à qui je parlais. Je lui racontai ce qui s'était passé et à sa grande surprise, elle ajouta : "Tu sais, Diane, lorsque j'ai visité cette maison, il y avait du bois coupé et cordé du plancher au plafond dans tout le salon. De plus, de nombreuses cordes de bois étaient appuyées de chaque côté de la maison. Je n'avais jamais vu une telle chose." Puis, elle ajouta que, effectivement, une chaise berçante se trouvait dans la cuisine, mais les enfants du vieillard avaient vidé la maison après son décès. Le bois avait été sorti et cordé sur un autre terrain afin de permettre la vente de la propriété.

Ce défunt refusait d'abandonner son bien le plus précieux : des cordes de bois ! Il errait à l'intérieur et autour de sa maison. Toujours aussi fâché et perdu, il cherchait désespérément ses possessions. Il semblait incapable d'aller plus loin, de dépasser le pourtour de sa maison. J'aurais tant souhaité le guider, mais il refusait toute aide. Il demeurait coincé sur notre plan alors qu'il y a tant de merveilles à découvrir.

# L'histoire de Jason

Une autre histoire très bouleversante est celle de Jason. Carmen, ma cliente et ancienne amie de Jason, vint me consulter car elle souhaitait entrer en contact avec Jason, décédé à l'âge de 14 ans. Elle désirait connaître les détails de son accident. Elle souhaitait lui apporter son aide.

Voici le déroulement de notre rencontre avec Jason et des échanges que nous avons partagés. Je commençai par appeler Jason, puis je sentis une présence. J'aperçus un très jeune homme. Une énorme tristesse envahit toute la pièce. L'atmosphère était très lourde !

D    Jason, Jason est-ce que c'est toi ? Est-ce que c'est toi Jason ?

J    Oui, c'est moi !

D    Comment es-tu décédé Jason ?

J    Je suis décédé lors d'un accident de la route. Le conducteur allait trop vite. J'ai essayé de l'arrêter, mais il était trop tard. Nous avons fait un face à face. Je n'ai rien senti lors de l'accident ; j'ai quitté mon corps instantanément et je me suis retrouvé de l'autre bord. Je voyais bien mon corps, mais j'étais incapable d'entrer dedans.

D    Où es-tu présentement Jason ?

J    Je suis encore dans ce monde et je me promène. Je vais dans la maison de ma mère, elle pleure, elle chiale, elle me juge à cause de l'accident. Présentement, je vis une grande solitude, je me sens seul et j'ai besoin d'aide. Je n'arrête pas de me promener, je ne fais qu'errer. J'essaie de communiquer avec ma mère, mais elle ne m'entend pas.

D   Pourquoi es-tu encore dans notre monde Jason ?

J   J'ai fait bien des conneries. J'étais dans la drogue, j'en ai donné. J'en avais sur moi, dans mon porte-monnaie. Je vendais du 'cristal net'. J'ai fait beaucoup trop de transactions de drogue et j'ai créé des "habitués". J'ai donné de la drogue aux jeunes enfants, dans le but de les rendre dépendants. Je voulais "grossir" ma clientèle. Ainsi, je savais qu'ils en auraient toujours besoin. En faisant cela, j'ai mis d'autres personnes dans le trouble. C'est ce qui me rend vraiment triste.

D   Il pleure...

J   Je suis conscient du mal que j'ai fait. C'est à cause de ça que je ne monte pas.

D   As-tu vu la Lumière ?

J   Je sais qu'il y a un autre plan, mais je ne le vois pas.

D   As-tu vu tes copains qui sont morts avec toi dans l'auto ?

J   Je revois constamment l'accident, mais je ne vois plus mes amis. Mes copains ne sont pas avec moi, je suis seul. Je ne vois rien, je reste encore collé sur vous autres. Je suis comme accroché avec des pieds en ciment.

D   Comment peut-on t'aider Jason ? Que pouvons-nous faire pour toi ?

J   Je n'ai pas toujours été poli avec mes parents, il faut que ma mère me pardonne. Il faut qu'on me pardonne, mais pour partir j'ai besoin d'amour. Comment veux-tu que je communique avec les autres ? Par les rêves ? Pourtant, j'entre dans leurs rêves, je les supplie de m'aider, mais tout ce qu'ils racontent c'est : j'ai rêvé à Jason et ça s'arrête là. Ils sont tous sourds quoi ?

Carmen, tu peux m'aider, tu ne devrais pas avoir peur de moi. J'ai besoin de ton aide.

C   Que puis-je faire pour toi ?

J   J'aimerais que tu fasses deux choses pour moi : tu dois trouver les paroles pour convaincre ma mère. Elle se culpabilise, mais elle n'y est pour rien. J'avais des amis, j'étais très sociable. Dis à mon père de m'enlacer comme si j'étais présent. Mon père était trop bon pour moi, il m'a trop laissé faire, trop écouté. J'aimerais tellement être enlacé par mon père.

C   Aurais-tu pu éviter cet accident ?

J   C'est une bonne affaire ce qui est arrivé, car si je n'étais pas décédé, cela aurait été un "calvaire" pour mes parents. Je serais probablement devenu une épave.

C   Doit-on garder ton urne dans le salon ?

J   Une urne exposée dans le salon, quelle niaiserie ! Quand je me promène dans la maison, je vois l'urne. Ce n'est que de la poussière. On me vénère tandis que je suis poigné de l'autre bord. Jetez ça dans l'eau.

Aide-moi, je t'en supplie aide-moi Carmen !

# L'histoire de Gérald

Gérald est décédé depuis 23 ans. Il est toujours errant. Il se promène. Il n'a pas encore vu la Lumière. Lorsqu'il se présente, Gérald semble fâché et amer; il me tourne le dos, puis accepte de me parler.

Voici le contenu de nos échanges durant notre rencontre:

G   Je suis parti trop vite. Je ne sais plus comment faire, je me sens perdu. Je voulais que tout marche, mais je ne suis pas capable.

D   Il se promène tout le temps, il est toujours près de vous. Il ne cesse de pleurer.
Je ressens toutes tes émotions Gérald.

G   J'ai passé à côté de ma vie, je n'ai pas assez aimé. J'étais intransigeant et ça fait des intransigeants autour de moi. Je n'étais pas un bon père. Je ne les recevais pas chez-moi et je n'ai pas été reçu. Le chemin était tracé, je ne l'ai pas suivi. Je suis comme un professeur qui possède sa matière, mais la transmet mal.

D   Que fais-tu Gérald?

G   Je ne sais pas comment faire. Je suis découragé. Je n'ai pas cessé d'essayer de régler les problèmes des autres. Je surveille ma fille et ma petite fille. Je suis fâché après Bernadette (conjointe), car elle n'a pas respecté ses engagements. Elle est en chicane avec ma famille, car ils ont vendu beaucoup de mes "affaires" à l'encan. D'autres enfants ont pris des choses et ça m'enrage.

D   Il est très attaché aux biens matériels. Il dit souvent: "C'est à moi, touchez-y pas". Il en veut à tout le monde.
Pourquoi n'es-tu pas passé à la Lumière?

G   Je ne suis pas passé, je suis trop inquiet de vous. Si c'était à refaire, je ferais autrement, je n'exigerais pas autant de ma femme. Mon frère n'a pas réussi sa vie; ma mère n'est pas heureuse. Personne n'est heureux dans ma famille. J'ai fait beaucoup de choses inutiles.

D   Il est envahi par les émotions.

G   Je veux que tout le monde soit bien, mais je ne peux pas agir. Je ne peux pas les rendre heureux. Je t'aime beaucoup, mais c'est tellement triste de te voir avec lui.

D   Quel est ton plus grand regret?

G   C'est de vous voir dispersés. On ne fait pas un jardin pour voir ses carottes éparpillées. Peux-tu te réconcilier avec ta sœur? Je suis inquiet pour mon fils, je l'ai toujours aimé. Je voudrais l'aider, mais je suis incapable d'agir physiquement.

D   Vas-tu bientôt te diriger vers la Lumière?

G   Je ne la vois pas. Je veux attendre que les deux soient en paix. Je vous aime tant! Comme j'étais stupide, j'étais toujours enragé et fâché. J'étais capable d'envoyer 'chier' tout le monde.

# Les suicidés

En ce qui concerne les suicidés, j'ai pensé vous transmettre textuellement mes rencontres et conversations avec Jean-Paul et Grégory. Je crois qu'elles sont très pertinentes.

Voici mon dialogue avec Jean-Paul. Il accepte de rencontrer Claudine qui a tout fait pour l'aider.

D   Pourquoi t'es-tu suicidé, Jean-Paul?

J-P  Ma vie n'avait plus de sens. Je suis parti sans regret. Je croyais que de l'autre bord, ce serait mieux. Je n'avais pas d'avenir. J'en avais ras le pompon. Je ne voulais plus rien savoir, plus rien ne m'intéressait. Je me suis dit: "je m'en vais". Quand tu penses que tout va être mieux et que tu penses qu'il n'y a plus rien devant toi… alors tu t'en vas! J'étais "pu" capable de revenir en arrière. Comment ça se fait que je suis ici? J'ai essayé de reprendre mon corps, mais il était comme un vieux 'char', fini. Tu as beaucoup pleuré à mon décès mais je ne pouvais pas revenir, j'étais isolé.

D   Isolé? À quel endroit?

J-P  L'endroit était gris verdâtre: ce n'est pas une prison, mais c'est semblable. Un être est venu me voir et il m'a dit: "réfléchis, on viendra te voir bientôt." Je suis resté là un certain temps et j'ai réfléchi.

C   J'ai consulté un passeur. Est-ce qu'il t'a aidé?

J-P Tu as fait venir un passeur, mais il ne pouvait rien car on a une réflexion à faire. Le passeur a été aidant, mais c'est toi qui as fait le plus gros du travail. Si tu savais comme tu m'as aidé Claudine. Tout ce que tu as fait était bénéfique. Tu me disais de me pardonner et ça m'a beaucoup aidé. Je t'ai écouté! Maintenant, je suis rendu au palier du plaisir, ça m'a pris quelques années "temps terrestre". Je suis si heureux maintenant! En haut, il n'y a pas d'espace et il n'y a pas de temps. C'est différent de la Terre.

*<br>**

J'ai également rencontré Grégory qui a accepté de venir parler à son amie Jacynthe. Je l'appelle et je constate qu'il vient du "bas", cet endroit lugubre qui me fait penser à une pièce de réflexion, très déprimante. Il n'est pas encore passé au premier palier. Il s'approche et donne un câlin à Jacynthe. Il pleure beaucoup!

C   Pourquoi t'es-tu suicidé Grégory?

G   Ma mère avait un côté protecteur, je n'aimais pas ça. J'étais gêné, très timide et personne ne me voyait. En entrant dans un endroit, je me sentais invisible. J'étais triste et je me sentais souvent seul. J'ai commencé à prendre de la drogue pour me calmer et j'en ai trop pris. J'ai fourni de la drogue à d'autres et je le regrette énormément. Je ressentais des douleurs au thorax, j'ai cru que c'était le cœur. J'ai pris une 'overdose' (surdose) pour me calmer. Je suis passé de l'autre bord. J'ai alors réalisé l'erreur que je venais de faire. J'ai essayé de revenir dans mon corps, mais c'était impossible. J'étais incapable de réparer mon erreur.

D   Où es-tu présentement Grégory?

G   Je suis dans un endroit sombre; je ne vois pas le chemin. Je n'arrive pas à monter sur la première marche. J'ai besoin d'aide. Aidez-moi, il faut que je sorte d'ici. Je suis tout le temps en pensée sur la Terre. Je revois toujours ce que j'ai fait avec des regrets, ce que j'aurais dû être et ce que j'aurais aimé être. Jacynthe, aide-moi au nom de notre amitié. J'ai tellement besoin d'aide, je suis comme un aveugle. Envoie-moi beaucoup d'amour. Les regrets ne font pas avancer.

J    Ta mère te pleure beaucoup!

G    Ma mère, c'est une autre personne qui a besoin d'aide. Elle se plaint tout le temps et ne dit pas toujours la vérité et tu vois, elle ne m'aide pas non plus; elle ne peut pas m'aider, car elle se plaint sur son sort. Je n'avance pas à ce moment-là.
Je sais maintenant que c'est la deuxième fois que je fais cette expérience, c'est mon deuxième suicide; une deuxième vie semblable à la première. Quand je reviendrai, ce ne sera pas plus facile. Je me suis réembarqué dans le même "pattern" Je n'ai pas vraiment le goût de rire. S'il-vous-plaît, aidez-moi!

*
**

Se suicider, c'est tout simplement rejeter le cadeau de la Vie. Je sais que nous vivons tous des moments difficiles. Rien de facile sur cette planète, mais lorsqu'on se suicide, on saborde la mission que l'on s'était donnée.

Je n'ai rencontré aucune personne qui se soit suicidée pour le plaisir. Bien au contraire, ces personnes souffraient tellement qu'elles ne se sentaient plus capables d'aller plus loin. Elles n'en pouvaient plus et désiraient mettre un terme à leur insupportable souffrance. La majorité des personnes était convaincue qu'elle se libérerait et qu'elle vivrait enfin des moments de bonheur! Alors, pourquoi ces personnes se retrouvent-elles dans ce bizarre d'espace lugubre? Et pourquoi semblent-elles être abandonnées? Certains y demeurent quelque temps et d'autres des années; alors comment peut-on les aider?

Je sais qu'elles semblent être punies pour le geste qu'elles ont commis. La raison est toute simple, elles ne peuvent pas passer à des paliers supérieurs tant qu'elles n'auront pas compris ce qu'elles ont fait, le tort qu'elles ont causé aux personnes de leur entourage et surtout tant qu'elles ne se seront pas pardonnées à elles-mêmes ! Elles détiennent leur propre clé pour la délivrance, mais elles l'ignorent. Elles doivent le découvrir en faisant une rétrospective de leur vie et en essayant de comprendre les aléas de celle-ci. Je sais bien que certains d'entre eux ont cru libérer les personnes qu'ils aimaient du fardeau de leur présence, mais ils doivent réaliser que c'est à eux qu'ils ont fait le plus de tort.

L'endroit où ils se trouvent semble bien gris et lugubre, tout comme leurs pensées. Ce qui se passe, en réalité, c'est qu'ils sont temporairement placés en "isolation", un peu comme vous l'auriez fait avec votre enfant qui aurait commis un geste inapproprié. Vous lui demanderiez d'aller réfléchir dans sa chambre, tout en vous assurant qu'il se porte bien ! Ils ignorent qu'ils sont observés par des "guides" qui attendent qu'ils soient prêts à sortir de leur chambre ! Ce n'est pas une punition, mais une réflexion qui leur est imposée ! Ils ne sont pas abandonnés, ils sont temporairement en retrait. Leur plus grande difficulté est qu'ils revivent constamment le geste qu'ils ont posé et cela les fait énormément souffrir. Dès qu'ils s'accordent un pardon sincère et total, ils passent à un autre niveau. Ils détiennent la clé de leur "prison" ! Ils sont à la fois geôlier et prisonnier. Ils doivent le découvrir.

Bien entendu, ils sont observés. Ils ne peuvent croupir dans cet endroit éternellement, mais ils peuvent attendre des années interminables s'ils se braquent et ne se remettent pas en question.

Pouvons-nous les aider ? Bien sûr. On se sent bien souvent coupable de ne pas avoir pu aider un proche qui s'est suicidé, mais nous ne sommes absolument pas responsables. Imaginez l'horreur et la souffrance d'une mère dont l'enfant s'est enlevé la Vie. Elle se demandera constamment ce qu'elle a fait de mal pour que son enfant, la chair de sa chair, pose un tel geste. Elle risque de s'en vouloir le restant de ses jours. Alors comment procéder ?

Le mot le plus important est **AMOUR**. Il a besoin de votre amour. Il a besoin de sentir et d'entendre que vous lui pardonnez. Je sais que pardonner un tel geste est très difficile, mais vous devez le faire afin de vous libérer et de le libérer lui aussi. Lorsque vous vous sentez capable de lui parler, adressez-vous à lui en l'appelant par son nom; parlez-lui avec beaucoup de tendresse comme vous le feriez avec votre enfant qui a mal agi, mais qui ne peut revenir sur le geste commis. Vous pouvez lui dire que vous êtes malheureux, il le comprendra car il l'est également. Si vous lui pardonnez, il se pardonnera, c'est certain! Puis, dans un grand geste d'amour, envoyez-lui un superbe faisceau de lumière d'amour que vous dirigerez vers lui. C'est ce que je fais habituellement pour les aider. Je médite et lorsque je suis rendue à la phase où tout mon corps et ses billions de cellules sont en harmonie et que je sens mon cœur gonflé de cet immense amour, je laisse partir un faisceau de couleur bleue, tel un laser, en direction de la personne que je veux aider. Ce faisceau pourrait également être blanc ou doré, j'ai choisi le bleu car, pour moi, il représente l'Amour et la guérison dont la personne a tant besoin.

# Le comité d'accueil

La première fois que j'ai rencontré une personne décédée qui était passé par le comité d'accueil, je fus complètement éblouie. Quel bel endroit et quelle belle façon de comprendre ou de réaliser que nous sommes décédés. Je l'ai nommé "Le party de Noël". Tout y semblait tellement joyeux et agréable. Une vraie fête !

Nous ne passons pas tous par cet endroit. La raison de son existence est de nous faire comprendre et accepter que nous sommes décédés afin de passer à l'étape suivante.

Celui-ci est composé d'un groupe de personnes décédées. Ce sont toujours des membres de votre famille et des amis que vous aimiez lorsque vous étiez vivants. Il peut facilement y avoir une bonne vingtaine de personnes qui vous y accueillent.

Les personnes qui décèdent et qui sont accueillies par ce comité étaient souvent des personnes âgées ou malades, prêtes à partir, mais paniquées par ce grand départ. Elles ignorent où elles vont se retrouver et craignent souvent le néant et la grande solitude.

Il se peut qu'elles aient encore quelques petites choses à régler ou à pardonner, mais elles sont presque prêtes. Il ne leur manque qu'une toute petite poussée avant de se diriger vers la Lumière.

Lorsqu'elle décède, très souvent, une personne qu'elle a aimée, un mari, une fille ou un membre de la famille qu'elle affectionnait sera présent à sa sortie du corps et la conduira à cette fête. Oui, j'ai bien dit : *fête*.

J'emploie régulièrement les mots "party de Noël" pour décrire cet endroit, car croyez-moi, cela y ressemble vraiment. Cette personne décédée sera accueillie dans une maison qui ressemblait ou qui est la réplique exacte de sa propre maison. Elle y sera reçue comme l'invitée d'honneur de cette réunion. La table sera mise, les oncles ou tantes qui aimaient la musique chanteront ou joueront de son instrument préféré. Tout sera mis en œuvre pour qu'elle se sente bien accueillie. Elle réalisera que tous les convives sont des personnes aimées et décédées et qu'ils sont incroyablement vivants ! Elle se sentira tellement bien qu'elle souhaitera y demeurer éternellement. Puis, l'un des invités aura pour mission de la rassurer et de lui faire comprendre qu'elle est décédée et… que la vie continue quoi !

Quand elle aura bien saisi le sens de la fête, chacun des invités retournera à son niveau d'évolution, tout en la rassurant, afin qu'elle puisse enfin accepter son décès et se diriger vers la Lumière.

Ici, j'ai parlé d'une maison comme lieu de réception, mais l'endroit choisi est toujours étroitement relié à vos préférences. Si vous aimiez les réceptions sur un bateau de croisière ou même une île déserte, alors ce sera là que vous serez reçus. C'est toujours, toujours votre endroit préféré.

# Les différents paliers

Jusqu'à aujourd'hui, j'ai découvert au moins 7 paliers différents et tous se situent avant la Lumière. Au tout début, j'étais vraiment déçue de constater l'existence de ces paliers, car ils renforçaient l'idée de la hiérarchie, mais j'ai rapidement compris et surtout accepté qu'il fallait être prêt et entièrement détaché du plan terrestre pour accéder à la Lumière.

Grâce aux personnes décédées qui ont accepté de me rencontrer et de dialoguer avec moi, j'ai pu connaître et comprendre le fonctionnement de ces dits paliers. De plus, ces personnes jouissent toutes, quel que soit le palier, de l'aide d'un guide. Celui-ci se présente occasionnellement afin de constater l'évolution de la personne décédée. Cette personne réalise qu'elle n'est pas seule. Cependant, tant qu'elle ne décidera pas qu'elle doit se détacher, se pardonner ou comprendre qu'elle doit continuer sa route, le guide l'attendra patiemment. C'est elle qui jouit du "libre arbitre" et qui doit emprunter sa nouvelle route, celle qui la conduira vers la Lumière. Plus elle se déleste, plus le guide devient loquace et aidant.

J'ai constaté qu'il y a très peu de différences entre les 3 premiers paliers. Par contre, la majorité des personnes se trouvant sur le 1er souhaiteraient encore vivre parmi nous. Elles ont encore ce fort sentiment d'appartenance à la Terre et à la famille qui était la leur. Elles savent qu'elles sont décédées, mais feraient tout pour revenir parmi nous. De plus, j'ai également observé qu'elles ne voient pas la Lumière ; elles ignorent qu'elle existe. Ces personnes sont souvent coincées pour des raisons de pardon ou d'attachement à leur famille.

Le 2$^e$ palier est presque identique au premier. Cependant, les personnes qui s'y trouvent commencent à comprendre et demandent souvent aux membres de leur famille et amis de leur pardonner et de les aider. Elles s'aperçoivent qu'elles sont coincées sur ce palier si elles ne font aucune intervention ou détachement de leur situation. Elles ignorent encore que tout dépend d'elles. Elles détiennent un libre arbitre et tant qu'elles ne comprendront pas qu'elles doivent agir et faire en sorte de se détacher elles-mêmes, elles resteront sur ce palier. C'est également sur ce palier qu'elles apprennent qu'elles doivent se diriger vers la Lumière, mais elles ne la voient pas encore.

Qant au 3$^e$ palier, j'ai remarqué que les personnes s'y trouvant regrettent et constatent leurs erreurs. Elles souhaitent souvent obtenir le pardon des leurs, mais ont encore beaucoup de difficulté à se pardonner elles-mêmes. À ce niveau, elles savent que la Lumière existe, mais ne la perçoivent pas encore. Elles commencent à parler du palier du plaisir : le 7$^e$.

Au 4$^e$ palier, on sent une nette progression de ces défunts. On voit que ceux-ci réfléchissent sur la vie et les actions posées lors de leur existence terrestre. Ils ont pardonné aux personnes qu'ils ont côtoyées, que ce soit les membres de leur famille, leurs amis ou même des personnes de leur entourage.

Ces derniers perçoivent la Lumière contrairement aux défunts des 3 premiers paliers. Ils savent désormais qu'elle existe et qu'ils doivent s'y diriger.

Il existe beaucoup de similitudes entre le 4$^e$ et le 5$^e$ palier. Les défunts du 5$^e$ palier perçoivent la Lumière et connaissent l'existence du 7$^e$ palier. Ils savent très bien que celui-ci est le tout dernier avant d'entrer dans la Lumière. Ils sont également au courant que ce dernier n'est pas obligatoire et que s'ils y vont, ils pourront se créer un monde presque "féerique". Ce 7$^e$ palier en est un de créations et de récompenses bien méritées.

Le 6ᵉ palier est fascinant! Les défunts jouissent de l'aide d'un guide qui les visite régulièrement. Ils discutent de la vie terrestre avec d'autres défunts. Ils découvrent toutes les possibilités et habiletés qu'ils possédaient sur Terre. De plus, ils voient très bien que la Lumière est collée sur eux. Ils ont pardonné à ceux qui les ont blessés et réalisent qu'ils doivent se pardonner afin d'aller plus loin. Ils sont enfin conscients des possibilités qu'ils ont rejetées ou refusées sur Terre. Ils y font même de nouveaux apprentissages et cela les réjouit. C'est là qu'ils décident s'ils passeront au 7ᵉ palier. Ils sont presque libres, le choix leur appartient.

Le 7ᵉ palier est un endroit incroyable et extrêmement agréable. C'est un peu comme une dernière bouffée d'air terrestre avec tous les avantages que cela comporte. Les défunts deviennent des 'créateurs'. Ils créent leur propre environnement, uniquement par la pensée, et celui-ci semble se matérialiser comme par enchantement.

Ils sont détachés et prêts à passer à la Lumière. Cette permission est surtout donnée à des personnes qui ont beaucoup souffert, soit qu'elles étaient limitées par des handicaps physiques importants ou qu'elles souffraient de graves limitations psychologiques ou financières. Je l'ai surnommé : *Le palier du Plaisir!*

*<br>**

# Premier palier

J'ai choisi l'histoire de Gisèle, décédée le 26 décembre 2001. Son histoire démontre bien ce qui se passe sur le premier palier. Monique, sa sœur, souhaitait vraiment la rencontrer et savoir où elle était rendue. Dès que je l'appelle, elle se présente. Elle semble heureuse de pouvoir enfin parler à sa sœur Monique.

G   Je suis morte subitement, mais je ne voulais pas partir ainsi. J'aurais voulu voir tout mon monde avant de mourir. J'avais tellement de choses à leur dire. Je voulais qu'on me donne un mois de plus. J'aurais aimé fêter Noël avec vous, j'aimais les fêtes familiales.

D   Tu me parles comme une personne bien vivante ?
Je veux dire par là qu'on ressent sa présence comme si elle était sur notre plan terrestre et qu'elle n'était pas décédée. Langage parfaitement audible.

G   Je ne suis pas morte, je suis simplement invisible. J'ai tellement essayé de rentrer dans mon corps, mais je n'ai pas été capable de le reprendre.

D   Es-tu au courant que tu es décédée maintenant ?

G   Oui. Mes croyances étaient bien différentes de ce que j'ai vu. C'est toute une surprise d'aller de l'autre côté. Je pensais voir le petit Jésus, les anges et Saint-Pierre, mais il n'y avait rien de tout cela.

D   Qui t'a accueillie ?

G   J'ai été accueillie par ma mère et mon frère. On m'a fait une fête familiale où j'ai rencontré toutes les personnes que je connaissais et que j'aimais. J'étais si heureuse de les revoir.

Mon père s'est aussi présenté à la fête et on s'est expliqué. Après le 'party', ils sont tous partis. Je me sens seule!

D   Où es-tu maintenant?

G   Je suis sur la première marche, je ne suis pas une errante [3].

D   As-tu vu la Lumière?

G   Non. Je ne la vois pas. On m'a dit d'attendre et qu'on viendrait m'aider, mais je préférerais revenir sur Terre. Je n'arrive pas à établir le contact avec vous. J'essaie de vous parler, mais vous ne m'entendez pas.
Monique, tu es avec un groupe spirituel, tu utilises un guide pour me faire avancer. Ce n'est pas très efficace; c'est toi qui peux m'aider à évoluer. Je n'ai pas encore fait mon 'ménage'. Monique, il faut que tu me pardonnes, je n'ai pas été gentille avec toi; j'étais même très méchante.

*
**

Monique est très heureuse de la rencontrer. Elle accepte immédiatement de lui pardonner, car elle l'aime de tout son cœur. Elle n'éprouve aucune rancune envers sa soeur. Dès que Gisèle ressent son amour, c'est comme si une 'boule d'énergie' l'avait enveloppée. Elle sourit! Elle me montre une porte qui s'ouvre; elle monte une marche d'un coup! Elle est maintenant rendue au deuxième palier. Je sens sa joie!

D   Monique, tu lui as ouvert la porte. Elle est excitée comme une petite fille qui va aller vers la Lumière. Puis elle ajoute:

G   Grâce à toi, je vais pouvoir monter.

---

3   Évidemment, à ce stade de l'éveil spirituel, l'entité désincarnée parvenue au tout premier palier ne possède pas forcément cette notion « *d'esprit errant* » tel que cela fut clairement expliqué par l'auteur au chapitre correspondant, p.96. Nous avons employé ce terme dans le récit pour faciliter la compréhension du lecteur. (N.d.E.)

D   Il faut que tu passes à la Lumière.

G   Oui, mais la Lumière, je ne la vois pas encore. On m'a dit d'attendre et qu'on viendrait m'aider.

D   Elle doit comprendre que c'est elle qui doit se pardonner et accepter son départ! C'est elle qui détient toutes les clés qui vont la conduire vers la Lumière.

*
**

# Deuxième palier

Nicole demande à rencontrer son père Maurice, décédé depuis plus de 20 ans. C'était un homme très sensible. Malheureusement, une cirrhose du foie l'a emporté. Il était un alcoolique, incapable d'arrêter de boire. De plus, son épouse, Lucie, était une dépendante affective. Elle cachait les déviances de son mari.

M  À mon décès, j'ai été reçu par un comité d'accueil, un genre de réception familiale et amicale. Après cela, je me suis retrouvé seul et errant, car malgré leurs explications, je ne cherchais qu'à prendre un verre. J'avais toujours soif! J'allais de bar en bar, essayant de boire, mais j'en étais incapable, car personne ne m'entendait. C'était terrible!

Après de nombreuses années terrestres, un Être est venu me chercher pour que j'aille réfléchir. Je me suis retrouvé au premier palier. J'ai passé beaucoup de temps à penser à tous mes agissements sur la Terre. Je ne suis pas encore très haut, car je n'ai pas réussi le rôle (mission) que j'avais à accomplir et je ne me pardonne pas cela. Tu sais Nicole, c'est la deuxième fois que je viens sur la Terre, en même temps que ta mère. Ça fait 2 fois que je manque mon coup! La boisson, voilà ce qui m'empêche d'avancer. Ma plus grande faiblesse est d'avoir accepté ma situation. Je n'ai rien fait pour changer. C'est pour ça que je n'arrive pas à me pardonner.

D  Où es-tu présentement? Sur le premier ou le deuxième palier?

M  Sur le deuxième.

D  As-tu vu la lumière?

M  Non, je ne l'ai pas vue, mais je sais qu'elle existe. J'ai besoin de votre aide. Envoyez-moi de l'amour. J'ai besoin d'amour pour monter. On peut m'aider ici, mais c'est plus lent. Je vous aime beaucoup.

D   Est-ce que Nicole peut t'aider ?

M   Je sais qu'elle n'a pas eu la vie facile à cause de moi. J'espère qu'elle me pardonne. Je n'ai pas été un bon père, même si je l'aimais beaucoup. J'aurais dû lui dire que je l'aimais, mais j'étais presque toujours "saoul" (ivre). Alors, cela l'a fait beaucoup souffrir. Pardonne-moi Nicole !

N   Je te pardonne papa. J'ai toujours su que tu m'aimais. Malgré tout, tu étais un homme doux. Tu ne m'as jamais frappée. J'aurais tant aimé faire des activités avec toi, comme mes amies en faisaient avec leur père.

M   Je sais, mais je ne pouvais pas t'accompagner, car je demeurais à la maison. Je prenais quelques bières et je n'étais plus capable de conduire l'auto. Je savais que ce n'était pas correct et toutes les fois que tu me demandais de t'accompagner, je te répondais : "demain", mais demain n'est jamais venu. Je regrette tellement. Toi, tu étais une bonne fille, mais moi, un mauvais père.

D   Je sens ses regrets et sa peine. Une profonde tristesse l'habite. Il pleure !

N   Papa, je t'ai pardonné.

D   Tu dois aussi continuer ta route et te diriger vers la Lumière. Si tu te pardonnes, tu monteras et là, tu la verras. Tu trouveras enfin le bonheur !

N   Oui, papa, continue. Tu as le droit d'être heureux toi aussi. Vas-y !

D   C'est toi qui détiens les clés, c'est toi qui décides. Il est temps d'aller vers la Lumière. Ta fille t'a pardonné, elle t'aime, alors fais de même.

*
**

# Troisième palier

Claudine se demande où sa mère, Monique, est rendue et si elle est heureuse. Voici le résumé de notre rencontre :

M  Je ne suis pas dans la Lumière, car je suis trop accrochée à toi. J'ai entendu parler de la Lumière et je vais y aller. Je sais qu'il y a le palier du plaisir ; je vais y aller aussi. La lumière, elle peut attendre ! Le petit Jésus n'était pas là pour m'accueillir de l'autre bord.
J'aurais voulu garder ton enfant, mais je n'allais pas bien, j'étais malade. J'ai beaucoup de difficulté à partir, car je voudrais toujours être près de toi et te regarder faire. Tu es l'amour de ma vie, mon unique enfant, je t'aime tant. C'est très injuste pour moi. Je sais que je vais aller ailleurs, mais je n'ai pas le goût de partir ; je veux juste veiller sur toi et ta famille.

D  Elle est tout près de toi, elle voudrait t'enlacer. Elle avait un côté "rebelle" ta maman. À ce que je viens de lui dire sur sa mère, Claudine ajoute : "J'ai assez pris soin de son 2e mari. Ça faisait leur affaire d'être ensemble, mais ce n'était pas le grand amour. Une de ses sœurs lui a manqué toute sa vie ; elles ont eu une grosse dispute et ma mère est partie. Elle s'est sentie bien seule. Elle ne l'a jamais revue."

M  J'avais une tête de cochon, j'aurais dû pardonner. Ça m'a rendu malade ! Ne commets pas la même erreur que moi. J'ai gardé beaucoup de rancune et ça m'a rongée. Le cancer m'a rongée ! Je t'ai éloignée de beaucoup de personnes en agissant ainsi.

D  Qui t'a aidé à traverser ?

M  Ma mère m'a accueillie. J'étais heureuse de la revoir. Tu ne peux pas t'imaginer ! Elle m'a pardonné ma séparation d'avec ton père biologique. Cette séparation avait engendré une grosse chicane de famille.

Je sais que tu aurais aimé voir ton père biologique avant sa mort. Que tu ne l'aies pas rencontré, ce n'est pas grave, mais il faut que tu lui pardonnes.

Ce que je n'ai pas réussi à faire sur Terre, tu peux le faire pour nous deux. Aujourd'hui, je comprends, mais j'y ai laissé ma santé. Je ruminais le passé. Je sais, j'étais très arrogante! Je te demande pardon.

D   Elle commence à comprendre. C'est ce qu'elle doit faire si elle veut passer à la Lumière.

M   J'ai commis des erreurs en jugeant les autres. Quand je vais sentir que tu as bien compris, j'irai vers la Lumière.

Quand ton père est décédé, il est venu me saluer, car il s'en allait vers la Lumière. Il est plus haut que moi; il a compris lui! Je ne souffre plus, je n'ai aucune douleur. Je suis très bien. J'apprends de mes propres erreurs. Je ne voulais pas que tu vois mes défauts. Je ne voulais pas que tu cesses de m'admirer!

*<br>**

Nathalie souhaite rencontrer sa belle-maman Francine qui est décédée depuis 5 ans.

F   Mon fils n'est pas correct, c'est un entêté et il retient de moi. C'est dur pour toi, mais vas-y en douce.

D   Elle fait des prédictions et donne des conseils….

F   Je ne suis pas dans la Lumière encore, je sais seulement qu'elle existe. Je sais aussi que je pourrai créer le monde que je veux bientôt!

D   Elle parle du palier du plaisir, le 7e.

F  Je n'ai pas tout détruit sur mon passage. Tu m'aimes plus que mon propre fils. Arrête de te voir plus petite que tu es. Grâce à ton amour, je me calme, j'ai fait un 'constat' de toutes mes actions. Tu sais, sur Terre, j'ai même détruit et blessé des personnes uniquement par la parole. Tout l'amour que tu m'as démontré à la toute fin de ma vie a fait la différence. Je ne savais pas ce que c'était d'aimer. J'étais égoïste, centrée sur moi-même. J'avais toujours raison ; ma fameuse tête dure !
   Ici, je reçois des enseignements, mais je n'ai pas toutes les informations.
   Décroche de mon fils, il a choisi la mauvaise route !

N  J'ai peur de lui. Je lui ai donné tout mon amour.

F  Tu vas évoluer de façon incroyable ! L'amour que tu as donné, ce n'est pas perdu. Enlève-toi de son chemin.

D  Je sens sa rage, elle est déçue et fâchée !

F  N'essaie surtout pas de te venger. Tu mérites mieux, beaucoup mieux que lui. Pense à toi.

*<br>**

# Quatrième palier

Yves a été assassiné par un de ses ex-employés dépressif et furieux d'avoir été congédié. Enragé, ce dernier lui a tiré une balle à la tête. Sa fille Julie s'inquiète encore pour son père, elle voudrait bien lui parler. Voici le déroulement de notre rencontre :

D   Yves se présente impeccablement bien vêtu, les cheveux bien coupés. Il n'a aucune ride. Il est dans la vingtaine, l'âge qu'il a préféré lorsqu'il était sur Terre. Il est très lumineux.

Y   Quand il m'a tiré à la tête, j'ai senti une chaleur et j'ai aperçu une grande Lumière. Puis, je suis sorti de mon corps et la première personne qui m'a accueilli fut ma mère. J'ai rencontré d'autres personnes, des amis et des membres de ma famille. Tous étaient décédés. Ils faisaient partie d'un très gros comité d'accueil. Ma mère m'a fait comprendre que je devais accepter mon décès. Je ne pouvais plus revenir en arrière. Cela devait être !
J'ai fait mon bilan et j'ai compris que je devais partir ainsi. C'était la mort qui était prévue et que j'avais acceptée avant ma venue sur la Terre. À la naissance, on oublie la mission que nous devons faire. Si tu la connaissais, tu changerais le scénario et tu refuserais de l'accomplir.
En mourant, j'ai compris le geste commis. J'ai pardonné au tireur. C'est ce qui était prévu. C'était mon scénario !

D   Je suis estomaquée par ce que je viens d'entendre. Je n'en reviens tout simplement pas. J'ai peine à croire que l'on puisse accepter une telle mort ! Comment savoir, désormais, ce qui est prévu et ce qui ne l'est pas ?

Y   Tu sais, Julie, la rancune ne te donnera rien de bon dans la vie. Il faut que tu arrives à pardonner au tueur. Moi, j'ai pardonné ; ça m'a fait progresser. C'est pour ça que je suis rendu à la 4ième marche. Continue de m'envoyer ton amour, je le reçois ici.

Y    Lequel de nous deux fait le plus pitié, moi ou le tueur ? Tu crois que c'est moi ? Non, c'est lui ! Moi, je suis libre alors que lui croupit en prison pour le geste qu'il a commis.
Je suis heureux, je vois la Lumière et vais bientôt y entrer.

*
**

# Cinquième palier

Jean a demandé une rencontre afin de parler avec son épouse, Jocelyne, décédée il y a plusieurs années.

D   Où es-tu Jocelyne ?

J   Je suis au 5e palier, je vais commencer à me faire du 'fun' moi aussi. Je vais enfin rire. Je me suis sentie tellement isolée, tellement seule après mon décès. J'avance quand même, car je me suis pardonnée.
Arrêtez de vous en faire, j'ai tout compris de l'autre côté. J'étais faible et je me faisais engueuler. J'en avais ras le bol, je passais mes grandes journées couchée. J'étais incapable de supporter cette vie-là. C'était un enfer et je me suis souhaité à plusieurs reprises de mourir pour aller retrouver ma mère. J'étais très dépressive, j'étais éteinte. Je me suis laissée aller. J'avais horreur de la boisson, mais je suis allée m'en chercher. Le cognac, ça faisait du bien. Je n'étais pas alcoolique, mais mes médicaments ne faisaient plus effet. J'ai été une personne 'sans cœur'; je ne pensais qu'à moi. J'étais devenue une 'loque humaine'.
Je voudrais tellement demander pardon à ma fille ! Je souffrais, c'est une maladie. Je me suis pardonnée. Je sais que j'ai dit des paroles méchantes. Je sais que je ne me suis pas occupée d'elle. Ma fille m'engueulait et ça me mettait les yeux dans la graisse de "bean", c'était difficile à accepter.
Ma fille te ressemble. Elle n'a rien de moi. En plus, toi aussi, tu m'insultais. Elle a ton caractère ! Elle m'engueulait, tout comme toi. Ça ne te gênait pas de m'insulter devant notre fille. J'étais jalouse de ma fille, jalouse de vous deux. C'était moi, moi et moi, centrée sur moi-même, avec mes douleurs, mes souffrances. J'oubliais que j'avais une fille. Mais de l'autre côté, j'ai fait mon bilan de vie et je me suis pardonnée. Ma fille ne me pardonne pas ; elle ne me considère pas comme

une vraie mère. Expliquez-lui parce qu'il va falloir qu'elle passe par le pardon ; moi, je me suis pardonnée.

D   Elle faisait une dépression majeure. Elle vous a détestés tous les deux et vous aussi, vous la détestiez. Elle n'acceptait pas sa maladie. Elle était convaincue d'avoir raison. Elle s'apitoyait sur son sort.

J   Vous ne pouviez pas me sauver, j'étais trop têtue. Si vous saviez comme j'étais dans l'erreur. Je me sentais une moins que rien, une "merde." Je voulais vous prouver que j'étais capable et que je savais tout. J'aimais ma fille, mais ma fille, en vieillissant, ne voyait qu'une loque humaine et non plus, une mère. Elle m'a jugée. C'était trop dur à accepter !

*
**

# Sixième palier

Sophie demande de contacter son mari Pierre, décédé depuis plus de 5 ans. Cette rencontre est très intéressante, car elle nous éclaire davantage sur ce qui se passe au 6e palier.

P   Je ne suis pas dans la Lumière, mais je peux la voir. Je suis au 6e palier. Au prochain palier, je pourrai créer le monde que je veux.

D   Qui t'a donné cette information ?

P   Un guide me l'a dit.
L'amour que tu m'as démontré, à la toute fin, a fait la différence. Je ne savais pas ce que c'était d'aimer. J'étais égoïste et centré sur ma personne. Tout ce qui comptait, c'était ma façon de penser. J'étais têtu, une vraie tête de mule.

D   Es-tu seul sur le 6e palier ?

P   Non, je ne suis pas seul. J'ai parlé à beaucoup de personnes. Je suis sur un palier où on me donne la permission de discuter sur la vie. J'apprends de nouvelles choses. Tu serais surprise de me voir ; j'ai acquis des habiletés manuelles. Je n'étais pas capable de planter un clou ; maintenant, je construis une maison. Je suis le chef de la construction. J'ai la permission de réaliser des projets. Je suis super bon dans les couleurs et j'entraîne les autres ; je suis un genre de contremaître. J'aurais dû bouger sur la Terre, mais cela ne m'intéressait pas.

D   Il me montre un potager à l'extérieur où se trouvent plein de légumes, des tomates, des laitues et même des fleurs. Il rit aux éclats !
Pourquoi ne t'en vas-tu pas rapidement à la Lumière ?

P   Je ne m'en vais pas vers la Lumière tout de suite, car je n'ai pas fini mes apprentissages. Tu serais tellement fière de moi Sophie. Tu verrais que je suis devenu l'homme que tu as rêvé d'avoir à tes côtés. Ça m'a pris du temps à comprendre.
Sophie, j'ai besoin de ton pardon. Le mot 'amour' passe en deuxième, c'est le mot 'pardon' qui passe en premier.

D   Il a beaucoup de regrets de l'autre côté. Il sait maintenant qu'il n'a pas été l'homme qu'il aurait dû être.

P   Ma mission sur Terre était de te montrer à pardonner. Ce n'est pas pour rien que je ne suis pas passé à la Lumière.

*<br>**

Lisette, décédée depuis quelques années, s'adresse à son mari Claude. Je vous transmets leur conversation. Bien entendu, j'ai servi d'intermédiaire.

D   Lisette, as-tu vu venir ta mort?

L   Je ne m'attendais pas à mourir, ce fut soudain. Je n'avais pas le goût de partir. Je voulais m'amuser, avoir du plaisir. Ce n'est pas grave que ça se soit terminé aussi vite; moi, j'avais terminé ce que j'avais à faire. C'est toi qui es le plus attristé. La souffrance m'a aidée à comprendre et à me dépasser.

D   Que t'a appris la souffrance?

L   Avec la souffrance, j'ai appris le détachement.
Quand je suis arrivée 'en haut', j'ai rouspété, je leur ai dit : "Eh! J'ai assez souffert." J'ai fait mon bilan, j'avais terminé ce que j'avais à faire. Maintenant, je suis rendue au sixième palier et j'ai presque fini mon 'ménage' mon bilan de vie. Ensuite, je m'en irai vers la Lumière.

L   Arrête de pleurer Claude, je suis super bien, je suis délivrée. Dis-toi que je suis complètement libre ; je suis libérée et je ne souffre plus. Je n'ai plus mal nulle part. Dis-toi que c'est la meilleure chose qui pouvait m'arriver. De l'autre côté, on est beau, toujours beau, on est nous-mêmes.
J'ai vu des gens passer, je les ai reconnus. Ils m'ont saluée ! Certains sont plus bas, mais je ne veux rien savoir de ça. Moi, je suis près de la Lumière. Je ne suis pas avec le diable, mais avec le ciel. C'est complètement différent de ce que la religion nous a enseigné. Quand les curés disent de prier pour les défunts, ils devraient plutôt dire, envoyez leur beaucoup d'amour !

C   Comment c'est fait Lisette de l'autre bord ?

L   Tu penses qu'il y a un monde entièrement différent qui nous sépare ? Mais non, ce n'est pas complètement différent. C'est juste que tu ne me vois pas, c'est tout. Mais, j'ai la capacité de te voir.

D   Qu'est-ce qui est le plus important ? l'amitié ou les liens du sang ?

L   Le sang nous unit, mais l'amitié est plus puissante que les liens du sang, car nous la choisissons. On a déjà cheminé ensemble dans le passé, j'ai été ton mari dans une autre vie.

C   Pourquoi sommes-nous revenus ?

L   On est venu terminer ce qu'on n'avait pas complété dans une autre vie. Nos liens ne se défont pas, notre amitié est forte. Le plus beau cadeau que tu puisses me faire, c'est de m'envoyer de l'amour, ça me fait grandir. Je le ressens comme une boule d'énergie. Je reçois ça comme un rayon qui me pénètre. Nos fous rires me manquent, même si je suis de l'autre côté. On n'oublie jamais ça, on ne peut pas les oublier. On s'amusait tellement !

Il est possible qu'à un moment donné, tu sentes mon parfum. J'ai la permission de te le faire sentir afin que tu saches que je suis présente et toujours aussi vivante. Je n'aurai pas toujours la possibilité de le faire, car ça demande beaucoup d'énergie. J'aimerais que tu penses davantage à toi. Fais attention à ton alimentation.

D   Présentement, elle t'enveloppe de Lumière.

C   Je t'aime toujours autant. Tu me manques tellement!

L   Je le sais! N'essaie pas de venir me rejoindre. Ce n'est pas le temps pour toi. Moi, c'était le bon moment, même si je n'étais pas d'accord et que je voulais demeurer auprès de toi!

*<br>**

# Septième Palier

## Le palier du plaisir

Hercule, un homme d'une grande bonté, vient à la rencontre de sa fille Josée.

D  Il n'est pas rendu à la Lumière, car il souhaite aider sa fille aînée, décédée, il y a peu de temps. Cette dernière est sur la 1$^{ère}$ marche (premier palier). Il souhaiterait qu'elle monte plus rapidement !
Est-ce que tu sais qu'il y a la Lumière plus haut ?

H  Oui, je sais. Je la vois. Ça peut attendre. J'ai encore des choses à régler. Pourquoi pleuriez-vous autant à mon décès ? Je vous ai envoyé plein d'amour ! Je continue de t'en envoyer dans tes rêves.

J  Mais tu n'as pas de corps ?

H  Je sais.

J  Puis-je te voir ?

H  Ça demanderait une sacrée force, une sacrée énergie !
C'est assez l'fun ! Je marche vite, je cours dans les bois et sur le gazon ; je m'amuse énormément. Je fais ça tout le temps et je découvre plein de choses extraordinaires. Je vais à la pêche ; je n'ai qu'à penser et tout se crée. Ici, le soleil ne brûle pas. Pas besoin de crème solaire ! (il éclate de rire).

D  Il devrait rejoindre la Lumière rapidement.

J  Est-ce que tu te rappelles de ta chanson préférée ?

H    Oui, vous l'avez chantée à mes funérailles. Je la chante aussi, mais maintenant, je ne fais plus de fausses notes. (éclats de rire).

D    Il dit qu'il n'a pas vu Elvis, son chanteur préféré.

J    Devrais-je poursuivre l'hôpital St-Luc?

H    Non, pardonnez-leur. Ils m'ont libéré, j'avais tellement de difficulté à marcher. Maintenant, je marche, je cours, c'est fantastique!

D    Il veut que sa femme s'amuse. Il dit qu'elle le mérite.

H    Je lui donne toute ma bénédiction.

D    Il fait beaucoup plus jeune qu'au moment de son décès. Il semble avoir 40 ans environ.

H    "Je suis beau, hein" (éclats de rire).
     Vous êtes trop centrés sur mon décès, pensez au bonheur que je vis. Envoyez-moi plein d'amour à la place. Avant de faire du bénévolat, pense à toi Nathalie. Fais-en un peu, pas trop. Ça va trop t'affecter. Il ne faut pas que tu souffres pour les autres.
     "La femme" (son épouse) a pris de la boisson à la St Valentin, c'était pour noyer sa peine. Pardonne-lui, mais surveille-la pour qu'elle ne sombre pas là-dedans. Ce serait difficile, ça m'inquiète. Mets de l'eau dans sa bouteille, s'il le faut. Vends mon auto, perdez pas de temps avec ça.

D    Il est présentement très joyeux. Il se sent vivant. Il bouge rapidement. Il est très heureux!

H    Je peux jouer de la musique, chanter à tue-tête sans déranger personne. J'ai retrouvé mon père, décédé il y a bien longtemps. Tous ceux que j'aimais étaient là pour m'accueillir. Ils m'ont fait une superbe fête. Ça chantait! Quel bel accueil!

Après le party, ils sont tous partis, mais je sais que je les re-
verrai un jour.
C'est ta mère qu'il faut ramasser à la p'tite cuillère.

J     Quelle est ma mission papa?

H     Amène de la joie de vivre et du bonheur aux personnes que
tu côtoies. Apprends à vivre le moment présent.

J     Combien de temps peut-il rester là?

D     Le temps qu'il veut.

J     M'as-tu aidé à changer ma crevaison? Je ne me sentais pas
seule. Je sentais une présence.

H     Non, mais j'étais tout près de toi et je te regardais faire, tu
t'es bien débrouillée.

J     Que penses-tu de la préparation d'un album de photos pour
les membres de la famille?

H     Arrête ça, tu vas perdre de l'argent, on profite de toi.

J     Puis-je faire quelque chose pour mon fils?

H     Malheureusement, le dommage est fait pour ton fils qui se
drogue, c'est irréversible. Tu es en danger! Tu risques ta propre vie.
Je ne peux pas intervenir. Mets une barrière entre toi et lui,
protège-toi. Je t'en supplie!

D     Carole, sœur d'Hercule qui est décédée également, mais
qui se trouve à un niveau supérieur corrobore ses dires. Elle
confirme le danger. Hercule ne peut la voir, car elle se trouve
à un niveau supérieur, elle a déjà passé la Lumière.

Ici, il est très important de noter qu'une intervention 'divine' est faite afin que Josée se protège d'un réel danger. Ils interviennent très rarement. S'ils le font, c'est que Josée ne devrait pas être victime d'un tel geste de violence.

\*
\*\*

Louis, décédé depuis 2 ans, vient rencontrer sa fille Christine.

D   Où es-tu Louis?

L   Je suis sur la 7$^e$ marche, juste avant la Lumière. Je n'avais pas grand-chose à me reprocher. Je me suis retrouvé au 6$^e$ palier, puis j'ai corrigé quelques lacunes. Ensuite, je me suis retrouvé sur le 7$^e$. C'est le dernier palier avant la Lumière.
C'est une permission qu'on a. Ce n'est pas tout le monde qui vient au 7$^e$ palier. Ici, on peut faire ce qu'on aime. C'est comme une récompense.

D   Pourquoi as-tu demandé d'aller sur ce palier?

L   Parce que c'est comme une dernière bouffée de la "Terre". Je peux goûter aux plaisirs de la Terre, une dernière fois avant de traverser à la Lumière.

D   Qu'est-ce que tu fais?

L   J'aimais beaucoup la mer, mais je n'étais pas assez riche pour m'acheter un bateau. Ici, je peux faire de la voile, si tu voyais mon voilier! Je vais en mer, j'observe les dauphins. C'est tellement paisible!
Je peux marcher dans les bois, toucher aux arbres et observer la nature. Je me suis également créé un jardin de fleurs. Si tu le voyais, il est magnifique. Les couleurs sont exceptionnelles et les odeurs enivrantes. Je me sens libre et merveilleusement bien!
Tu adorerais cet endroit Christine!

D   Comment peux-tu créer toutes ces choses ?

L   Je n'ai qu'à penser et tout se crée ! C'est incroyable !

C   Papa, je sais que tu as beaucoup souffert avant ton décès. Est-ce que tu m'en veux d'avoir accepté que des soins de 'soulagement' te soient administrés ?

L   Pas du tout, tu m'as libéré, je n'en pouvais plus. Mon heure était venue. De toute façon, je serais parti dans les jours suivants. Tu as fait ce que tu devais faire. Sois heureuse maintenant, tu le mérites. Ne t'inquiète plus pour moi, je suis si heureux !

C   Je t'aime tant papa, tu me manques !

L   L'Amour ne meurt pas ; non il ne meurt jamais ! Je le porte en moi, c'est le plus beau des cadeaux. Sache que je t'aime de tout mon cœur !

C   Merci papa, je ne t'oublierai jamais.

D   Merci de ce beau partage Louis.

\*
\*\*

# Près de la lumière

Jacynthe vient rencontrer son grand-père Ghislain, décédé depuis 2 ans.

C   Je reçois un homme très joyeux!

G   Vous m'avez beaucoup pleuré en pensant que j'avais beau-coup souffert, mais je n'ai rien ressenti, c'est arrivé tellement vite. J'ai eu beaucoup de médicaments, comment voulais-tu que je ressente quelque chose? J'étais "overdosé" (sur mé-dicamenté). Moi, Jacynthe, j'avais ça à vivre pour passer à une évolution supérieure. J'ai maintenant la capacité et la volonté de venir vous voir et je le fais régulièrement.

D   Tu pourrais passer à la Lumière?

G   Je pourrais passer, mais je ne veux pas. J'attends ma conjoin-te; elle va avoir besoin de me voir, je l'attends. Je peux l'atten-dre, j'ai la permission. Ne vous inquiétez pas, elle se repose et elle va partir en paix au moment où vous ne vous y atten-drez pas. Elle va partir en paix, c'est prévu. Tu sais, Jacynthe, ici le temps n'existe pas comme sur la Terre. Ce n'est pas long en haut!

D   Il s'est créé un monde de plaisir. Il aimait beaucoup la musi-que et il a appris à jouer de la guitare. Il a recréé son monde "d'amitié". De cette façon, il joue aux cartes et il rit énormé-ment. Il s'amuse. Il est très heureux!

G   Le plus beau des mots est PARDON. Jacynthe, il faut que tu pardonnes, sinon tu ne pourras pas passer à la Lumière. C'est la meilleure façon de monter rapidement.

D   Il est heureux et en paix.

**\***

# Passé la lumière

## Rencontre avec Jeannine

Lorsque Sophie est venue me rencontrer, elle désirait entrer en contact avec sa maman décédée à l'âge de 57 ans, des suites d'un cancer des poumons. Elle souhaitait s'adresser à elle. Je vous transmets leurs échanges.

S    Pourquoi es-tu partie maman ?

J    Tu sais, quand la batterie (pile) est finie, tu la remplaces et c'est pareil pour le corps. Il n'y avait plus assez d'énergie dans mon corps pour que je puisse continuer à vivre. Il faut que tu comprennes que l'on ne meurt pas vraiment, mais qu'on se retrouve dans la Lumière. La vie est un passage.

D    Elle me montre un corridor illuminé.

J    J'ai été jusqu'au bout de ma mission ; tu parles d'une pièce de théâtre ! J'en faisais partie autant que toi et j'ai joué la pièce de théâtre telle qu'elle devait l'être. J'ai été une sacrée bonne comédienne !
Dans une autre vie, tu étais ma sœur, ma jumelle, mais cette fois-ci, j'étais ta mère. Tu es une belle âme, une très vieille âme, Sophie.

S    Pourquoi bougeais-tu les yeux, juste avant de mourir ?

J    Mes yeux bougeaient juste avant mon décès, car je voyais très bien les 2 mondes : celui de la Terre et celui de l'autre côté. Je pouvais les regarder presque en même temps. En sortant de mon corps, c'était comme si je me trouvais sur un rayon de soleil. Ce fut la Lumière ! Je l'ai vécue à 150% avec beaucoup d'amour inconditionnel. C'était éblouissant.

Je ne suis jamais revenue en arrière, je ne suis pas revenue sur Terre.

S   Où es-tu maintenant ?

J   J'ai dépassé la Lumière et je me suis retrouvée dans un monde extraordinaire ; c'est tellement beau, tellement merveilleux. Il n'y a pas de mots pour décrire ce que je vois. Ça brille de partout. Ça ne ressemble à rien de terrestre.

S   Es-tu seule ?

J   Je ne suis pas seule, je suis bien accompagnée. Il y a des êtres merveilleux. On aime sans condition de l'autre côté. Quand tu es dans la Lumière, tu deviens de l'Énergie ; il n'y a aucune souffrance.

S   Que fais-tu présentement ?

J   Le temps en haut n'a rien à voir avec celui de la Terre. Rien n'est pareil. Je travaille, je fais des choses que j'aime. J'apprends, je vais dans d'autres plans (dimensions) et je reviens. J'ai la permission et je fais de nombreux apprentissages.
    Je suis allée voir la grande bibliothèque ; il y a beaucoup de choses à apprendre. Tu peux fouiller là-dedans. J'apprends encore et je découvre encore des choses sur le Cosmos et la Vie. J'ai compris la raison de ma venue sur Terre. Ce qu'on apprend sur Terre, ne représente même pas le dixième de ce qui existe dans l'Univers. J'ai lu dans l'Akasha (livre de la vie), mais je n'ai pas la permission de tout te dire.

S   Reçois-tu les prières que je t'envoie tous les soirs ?

J   Ma fille, tu pries souvent pour moi, mais quand tu es rendu à la Lumière, tu n'en as pas vraiment besoin. Ce sont ceux qui ne sont pas passés qui en ont besoin. Envoie-leur plutôt de l'amour, ça les fera grandir. Moi, je suis passée, je continue mon chemin.

Dis plus souvent : "merci", au lieu de demander par la prière.

S   Est-ce toi qui m'as guérie ?

J   Dans une autre dimension, il existe un puits d'énergie et certains êtres peuvent se servir de ce puits d'énergie pour la guérison. Moi, je ne peux pas faire ce genre d'interventions. On est obligé de demander la permission. Je n'ai pas le droit d'intervenir. On demande à des êtres, beaucoup plus évolués, qui ont dépassé la Lumière, et qui œuvrent dans une autre dimension, un autre plan, de venir vous aider. Ces êtres peuvent utiliser cette énergie, qui va emmener du réconfort et parfois même la guérison. Il se peut que tu crois que c'est moi qui t'ai guérie, mais ce n'est pas le cas.

S   Peut-on s'amuser sur la Terre ?

J   Bien sûr ! Cependant, n'oublie pas que notre corps est un outil et il doit servir. Tu as le droit de t'amuser en autant que tu fasses ta "job" (travail). Ce n'est pas grave de tourner les coins ronds. On doit rendre les autres heureux, mais pas au détriment de notre propre bonheur. En haut, ils m'ont parlé de l'amour inconditionnel, mais sur Terre, moi, j'étais dans l'amour humain. J'ignorais ce qu'était l'Amour inconditionnel. De l'autre bord de la Lumière, je vois tout. Si tu savais comme je suis bien. En haut, il n'y a pas de péchés, ça ne marche pas comme ça, on ne parle que d'amour, uniquement l'Amour.

D   Pourquoi y a-t-il un comité d'accueil ?

J   Quand une personne décède, c'est un peu comme si on était sur "appel". On nous demande de nous présenter et d'aller l'aider. Il faut absolument l'accueillir afin qu'elle accepte son décès. Lorsqu'on reçoit cet appel, on laisse tout ce qu'on est en train de faire et on va l'accueillir. Cela ressemble à une réception. Elle retrouve des personnes qu'elle a aimées et cela lui permet d'accepter son décès. C'est un contact très familial et très joyeux.

D   Elle t'embrasse Sophie. J'aperçois un faisceau de lumière; celui-ci se dirige vers toi. Il pénètre ton coeur et t'enveloppe tout entière. Cette Lumière et toi ne faites qu'Un.

S   Quelle est la chose la plus importante?

J   L'amour, c'est tellement précieux et important!

# À la lumière par étapes

## D'errante à Être de Lumière

Françoise B. est décédée, il y a 10 ans. Lors de la rencontre avec sa fille, elle nous a raconté toutes les étapes qu'elle a suivies pour rejoindre la Lumière. Elle s'est présentée, tel un Être de Lumière ; elle affichait une superbe couleur dorée très vibrante. De plus, de nombreux petits points ressemblant à de minuscules étoiles illuminaient tout le pourtour de son être. Quelle beauté ! Dès son arrivée, elle a étreint sa fille pour l'embrasser et cela a produit une incroyable énergie lumineuse irradiant toute la pièce ; les deux femmes semblaient fusionner. L'Amour les réunissait.

Je me fais un plaisir de vous transmettre le témoignage de Françoise s'adressant à sa fille :

F   Ça été dur l'acceptation du décès. Je ne voulais pas partir. J'essayais de rentrer dans mon corps mais ça ne fonctionnait pas. Au départ, lorsque j'ai quitté mon corps, j'ai senti comme une injustice de partir si jeune. Je n'avais que 47 ans. J'ai même assisté à ton accouchement et j'ai été voir l'enfant tous les jours dans son berceau ; j'aurais aimé être vivante et le prendre dans mes bras. Je ne voulais pas partir et je suis demeurée auprès de lui pendant les 3 premières années de sa vie. J'étais toujours là, je ne passais pas, j'avais une vraie tête de "cochon". Tu ne me retenais pas ; c'est moi qui ne voulais pas partir. Je voulais vivre avec toi. J'aurais voulu agir et communiquer avec toi, mais je n'avais pas de corps physique.

Quand j'ai réalisé que je ne pouvais rien faire et que j'étais vraiment décédée, j'ai rencontré des êtres, d'autres personnes décédées que je connaissais déjà. Ils m'ont fait une grande fête. J'ai bien aimé retrouver tous mes amis et ma mère qui était partie depuis plus de 20 ans déjà! J'étais si heureuse d'être auprès d'elle. Nous avons longuement discuté. Ma mère m'a parlé de la Lumière et m'a dit de me préparer; elle m'a promis que je la retrouverais un jour! La fête terminée, ils sont tous partis!

Puis, je me suis retrouvée sur la première marche; j'ai dû l'accepter, je n'avais pas le choix. J'aurais tellement aimé retourner auprès de toi, sur la Terre, mais c'était impossible. À cet endroit, ce n'était pas très intéressant; je me suis sentie seule. L'endroit est plutôt sombre. Il y a des âmes-guides qui sont venues me rencontrer et m'aider à monter. Ne passe pas qui veut sur un autre palier. Il faut que tu fasses différents apprentissages, que tu reconnaisses à un moment donné que tu as ce travail-là à faire. Il fallait que je me pardonne et que j'apprenne le détachement. Ça m'a pris du temps pour réussir, mais maintenant, c'est terminé. J'ai réussi, je suis enfin rendue à la Lumière! J'ai tout compris. J'ai fait le constat de ce que j'avais vécu et l'acceptation complète de ma vie sur Terre.

Maintenant, j'ai passé toutes les étapes, petite marche par petite marche, palier par palier et j'ai réussi à dépasser la Lumière.

Quand tu arrives à la Lumière, tu te souviens de ton mari et de tes enfants, mais ils ne sont plus à toi; tu les aimes toujours, mais tu t'en détaches complètement. C'est très hiérarchisé de l'autre côté. C'est tellement beau! Dis-leur que je suis heureuse, vraiment très heureuse! C'est comme le paradis, et je suis là-dedans. Je ressens un bien-être total. Je suis tellement bien, aucune souffrance physique. Je sais qu'il y a de l'amour partout où je suis. Tout vibre, c'est tellement beau!

D   Elle me montre plein de couleurs éblouissantes, très vibrantes!

F  C'est super beau, c'est brillant, et je suis là-dedans. Il y a des sons, des vibrations et j'entends de la musique, une superbe mélodie! Quelle merveille!

Quand tu es dans la Lumière, tu deviens de l'Énergie et on est en paix. Ça brille de partout! Rien de tel n'existe sur la planète Terre. Ici, aucune souffrance. C'est le bonheur, la joie, le bien-être et surtout l'Amour!

J'aimerais tant te montrer cette Lumière, mais ils ne veulent pas. Pour moi, c'est mission accomplie. Je suis dans la Lumière.

# Conversation avec une entité avortée

Lorsque je fais des consultations, je demande aux personnes qui viennent me rencontrer d'apporter une ou deux photos des personnes dont elles désirent obtenir des renseignements.

La majorité apporte la photo d'une personne décédée, car elle souhaite entrer en communication avec celle-ci. À d'autres moments, elles viennent, car elles sont inquiètes de la santé d'un enfant, d'un conjoint ou d'un autre membre de leur famille.

Un jour que je faisais des consultations, je vis arriver chez-moi une jolie jeune femme prénommée Marie-Claude. Elle me présenta sa photo où on la voyait avec son bébé dans les bras. Cette photo avait été prise à l'hôpital juste après l'accouchement. Elle était alitée, serrant dans ses bras un bébé emmailloté dans une jolie couverture. Je voyais clairement l'enfant ; Marie-Claude soutenait sa petite tête, mais elle ne souriait pas.

Il faut dire que lorsque je regarde intensément une photographie, c'est comme si je regardais une émission à la télévision et qu'on avait mis l'image sur "pause". Pour un court instant, tout reste immobile. Par la suite, tout s'anime ; je commence à ressentir des émotions et à entendre des paroles et même des conversations complètes. Je ressens la violence, j'entends les cris et les pleurs ! Ce n'est pas toujours facile à supporter, mais il y a fort heureusement, des moments de joie et de grand bonheur qui se font également entendre. Tout dépend de la photographie qui m'est présentée. Je deviens un témoin « inactif » de la scène. J'observe et capte tout ce qui se passe. Les personnes de la photo s'animent, tout comme ils le feraient dans un film, le film de la photo ou tout simplement le film d'un moment de leur vie.

Au premier abord, tout paraissait normal sur la photo de Marie-Claude et de son beau petit garçon. Je continuai donc de regarder intensément la photographie et c'est à ce moment que je commençai à ressentir une grande tristesse chez Marie-Claude (photographie) puis, je regardai intensément le bébé. J'étais incapable de quitter ce joli poupon des yeux; c'est comme s'il n'y avait plus de vie en lui. Aucune énergie ne s'en dégageait!

Je revins vers M.C. et lui demandai: "Que s'est-il passé? Ne serait-il pas décédé? Il ne semble plus respirer. Il semble sans vie, est-il vraiment décédé?" C'est alors, qu'elle me regarda profondément dans les yeux et me répondit, larme à l'œil: "Je me suis fait avorter". Elle ajouta: "Je n'avais pas le choix, il était si malade!" J'ai suivi les conseils de mon médecin."

Elle ajouta: "J'ai dû passer une amniocentèse pour connaître l'ampleur des problèmes du bébé. L'examen démontra que mon fils était anormalement constitué; il naîtrait trisomique en plus d'être touché par un grave problème cardiaque." Elle sanglotait et ajouta: "Je n'avais pas le choix, il aurait été trop atteint. Je n'aurais pas su m'occuper d'un enfant trisomique. Je ne me sentais pas assez forte. De plus, il pouvait mourir à tout instant, étant donné ses problèmes cardiaques. Les médecins m'ont fortement suggéré de me faire avorter."

"Difficile, un avortement après 6 mois de grossesse", lui dis-je? Elle se sentait tellement coupable et responsable. Elle souffrait profondément. Tout son cœur et son corps criaient sa souffrance! Elle pleurait maintenant à chaudes larmes!

Il était évident qu'elle vivait un deuil extrêmement difficile. De plus, elle avait donné naissance à son premier enfant. Marie-Claude et son mari avaient tellement souhaité la venue de leur petit garçon.

Malgré les mois qui s'étaient écoulés après l'avortement, Marie-Claude était encore atterrée et n'arrivait pas à surmonter une telle épreuve. Elle était tellement triste! Tout était trop lourd pour elle. Elle n'arrivait pas à se remettre de son avortement. Sa peine était palpable et augmentait lorsqu'elle regardait la photo d'elle et de son enfant dans les bras. Elle n'arrivait toujours pas à se pardonner!

Marie-Claude était effondrée, mais elle avait certainement choisi la solution qui lui paraissait la plus plausible dans de telles circonstances. Choisir l'avortement quand vous espérez autant la naissance de votre premier enfant n'est certainement pas une décision facile à prendre et à accepter. Il y aura toujours dans la tête des parents de nombreux: "Si" du style, si le médecin s'était trompé, si le bébé avait survécu plus longtemps que ce qu'on m'a dit, si j'avais été une meilleure mère, j'aurais certainement été capable de prendre soin de mon enfant, même s'il était handicapé, si, si, si…. tant de Si…

Voulant la réconforter, je lui demandai si elle désirait entrer en contact avec son fils décédé. J'eus droit à un gros OUI. Marie-Claude ajouta: "C'est la raison de ma venue chez-vous aujourd'hui." C'était la toute première fois que j'allais tenter d'entrer en contact avec une si jeune entité, une entité à peine "incarnée".

Toujours avec l'aide des "Êtres de Lumière", j'appelai donc Francis; c'était le prénom qu'elle lui avait donné après l'avortement. À ma grande surprise, il se présenta rapidement et sans hésitation. Il semblait même attendre cette rencontre. Le dialogue avec Francis fut très facile à établir. Il expliqua même tout le processus de l'avortement.

Je transmettais les informations que Francis me donnait. Sans chercher l'approbation de Marie-Claude et sans la regarder, je répétais tout ce que Francis me disait. Il avait reçu une injection au cœur qu'il disait avoir ressentie et qu'il avait trouvée très douloureuse sur le moment. Cette injection avait mis fin à ses jours alors qu'il se trouvait encore dans le ventre de sa maman.

Il était venu à sa rencontre afin de la rassurer ; il souhaitait qu'elle comprenne qu'il lui accordait son pardon tout entier. Il lui annonça même sa prochaine réincarnation et qu'il était le futur enfant qu'elle allait porter. Il reviendrait donc auprès d'elle. C'était une promesse.

Marie-Claude n'en revenait pas. Elle était secouée par la justesse des informations reçues. C'était exactement ainsi que l'avortement s'était passé. Le médecin lui avait cependant affirmé que l'injection serait sans douleur et que le bébé ne sentirait absolument rien. Francis venait d'affirmer le contraire. Mais la souffrance, avait-il ajouté, avait été de très courte durée.

Francis ajouta même que, s'il était né aussi handicapé, la réussite de sa mission terrestre aurait été compromise. J'étais stupéfaite par de tels propos. Francis acceptait l'avortement. De plus, il promettait de revenir. C'était presque surréel, incroyable !! J'étais complètement fascinée par cette belle rencontre.

Marie-Claude était soulagée ; elle pouvait se pardonner et préparer enfin la venue de son deuxième enfant. Elle ajouta même : "je le prénommerai Francis, car c'est lui qui reviendra. Ce sera une telle joie de le prendre à nouveau dans mes bras. Je l'aime tant, vous savez. Cette fois, me dit-elle, il sera en santé, j'ai tellement hâte de le revoir." Marie-Claude me quitta et remercia les Êtres de Lumière qui avaient permis une telle rencontre.

Vous comprendrez que j'étais abasourdie. J'ignorais, jusqu'à ce jour, la façon dont les médecins procédaient pour mettre un terme à une grossesse aussi avancée. N'ayant aucune connaissance de ce domaine médical, je ne pouvais certainement pas avoir tout inventé ; Francis avait fourni tant de détails et de précisions que je ne doutai aucunement de ces dites informations.

Une année passa, puis je reçus un appel 'euphorique' de Marie-Claude. Elle était si heureuse ! Elle m'annonça qu'elle était enceinte et que tous les tests médicaux lui confirmaient la naissance d'un beau garçon en santé. Elle exultait de joie ! Je la remerciai de partager cet immense bonheur avec moi !

# Troisième Partie

## Découvertes

# Confusion chez les personnes âgées

On parle souvent de confusion chez les personnes âgées. Bien sûr, cela est possible si elles sont trop médicamentées ou dans une phase de maladie avancée, mais on ignore, dans la majorité des cas, qu'elles sont "connectées"!

C'est si fascinant, qu'à de nombreuses reprises je suis allée visiter des personnes âgées dans des Centres (CHSLD) afin de discuter avec elles. Pour mon plus grand bonheur, je découvrais une toute nouvelle réalité! Cela me permettait de les rassurer et plus important encore, elles trouvaient une oreille attentive à leurs propos. Ces personnes ont tant à nous apprendre. Malheureusement, la majorité de nos aînés ont très peur de la "Mort". Normal, qui accepterait de sauter dans le vide sans savoir où il atterrira!

J'ai fait une superbe découverte: le Plan invisible les prépare! C'est absolument fascinant et très intéressant. Effectivement, elles sont prises en charge et aidées dans l'acceptation de l'inévitable: la mort à venir, dans un temps très rapproché.

Ma belle-maman Gilberte est décédée en février 2014. Elle a vécu ses deux dernières années de vie dans un Centre pour personnes âgées. Fort heureusement, pour elle, ce centre était situé tout près de ses enfants et nous pouvions la visiter régulièrement.

Quand René et moi allions la rencontrer, nous portions particulièrement attention à tous nos échanges avec elle. C'était fascinant d'observer ce qui se passait.

J'ai remarqué que plusieurs entités demeuraient auprès d'elle. Il y avait toujours 4 défunts, son mari Marcel, sa belle-maman Édèle, sa sœur Roselyne, qu'elle affectionnait particulièrement ainsi que Liette, sa fille aînée, décédée à l'âge de 46 ans. Ces 4 défunts se présentaient différemment, mais 3 d'entre eux se plaçaient à l'arrière d'elle, alors que Roselyne, se tenait à sa droite, assise à ses côtés. Il était évident qu'ils venaient de différents niveaux, car ils vibraient différemment, mais ils avaient certainement pour mission d'aider Gilberte à passer paisiblement sur l'autre plan.

Liette était éblouissante; elle se présentait sous la forme d'une sphère très lumineuse. Belle-maman portait une robe noire et ses cheveux étaient noués à l'arrière. Quand à Marcel, son mari, décédé l'année précédant l'entrée de Gilberte au Centre, il arborait toujours un large sourire. Il ne se présentait jamais sans sa guitare de gaucher, au large ceinturon à l'épaule. Roselyne, décédée récemment, portait une belle robe rouge. Elle s'assoyait à sa droite et tenait la main de sa grande sœur Gilberte qui se déplaçait uniquement en chaise roulante.

Il était évident que Gilberte chevauchait entre 2 mondes : le nôtre et celui du Plan invisible. Quand cela se produit, c'est que le temps du grand départ est proche. Nos aînés sont aidés et préparés par des Êtres vivant dans le monde invisible. Facile, alors, de parler de confusion! Lorsque vous vous adressez à ces personnes qui se promènent entre les 2 mondes, vous risquez de penser qu'elles fabulent. Pourtant, tout ce qu'elles voient, racontent et entendent est bien réel!

Lorsque nous allions la rencontrer, René et moi aimions particulièrement lui poser des questions sur ses échanges avec ses personnes décédées. C'était comme si ces dernières étaient toujours vivantes sur notre plan terrestre; pourtant, Gilberte le savait, mais elle semblait l'avoir totalement oublié, car elle les rencontrait continuellement.

Un jour, je lui demandai si elle avait vu Liette dernièrement. Elle me répondit promptement: "Bien sûr, elle est venue dormir avec moi cette nuit. Elle s'est couchée juste à mes côtés." Puis, elle avait éclaté de rire, car son lit lui semblait bien petit pour 2 personnes, mais elle était si heureuse d'avoir dormi auprès de sa fille qu'elle n'allait certainement pas s'en plaindre. Cela me fit réaliser à quel point ces 2 mondes étaient réels et beaucoup plus proches l'un de l'autre que l'on pense. Elle avait raison pour la petitesse du lit, elle avait également raison lorsqu'elle affirmait qu'elle avait dormi avec sa fille décédée!

Ces défunts la ramenaient fréquemment dans des épisodes heureux de sa vie. Gilberte se retrouvait régulièrement dans la maison où elle avait partagé des moments heureux auprès d'eux. Elle nous les racontait avec enthousiasme, car elle les revivait comme si elle était encore là! Pourtant, toute sa vie, Gilberte avait été terrifiée à la simple pensée de mourir. Sans qu'elle le réalise vraiment, elle vivait maintenant avec ces personnes décédées qui avaient repris 'forme humaine', pour toute sa période de transition. Elle discutait régulièrement avec ses défunts, car ceux-ci la préparaient et l'aidaient à accepter l'inévitable, le grand départ!

Puis, un jour, Gilberte donna une information cruciale aux membres de la famille qui étaient venus la visiter, une preuve de la véracité de ses échanges avec les défunts. Elle dit simplement: "Belle-maman Édèle doit me quitter, elle désire aller visiter Mariette, mais elle m'a promis de revenir." Nous fûmes tous estomaqués et abasourdis par cette information car, ne voulant pas la perturber, nous lui avions caché que Mariette était hospitalisée et en phase terminale d'un cancer du rein. Cependant, Mariette était la fille d'Édèle, donc pas surprenant qu'elle aille la visiter également. Gilberte, tant qu'à elle, ne sembla pas surprise, car elle savait qu'Édèle tiendrait sa promesse et qu'elle reviendrait auprès d'elle sous peu.

Maintenant, imaginez simplement que nos personnes âgées se mettent à parler de rencontres, de dialogues échangés avec des personnes décédés depuis plusieurs années!!! Il est évident que le corps médical, la parenté ou toute autre personne supposément saine d'esprit en viendra à la conclusion que nos aînés sont confus. Pourtant, il n'y a qu'un tout petit pas à faire pour relancer des échanges fascinants, des échanges qui vous permettront de comprendre une situation du passé et qui sait, cela vous aidera peut-être à accepter ou à faire la paix avec un événement que vous avez tenté d'enfouir dans votre mémoire. Essayez! Les résultats pourraient vous surprendre et vous faire grand bien. Vous comprendrez également qu'on ne meurt jamais seul, que nous sommes pris en charge et aidés par le monde "invisible".

# L'annonce de la naissance

Au tout début, je me demandais bien pourquoi j'apercevais de petites larmes enfumées au-dessus de la tête de certaines femmes. Il pouvait y en avoir une, deux ou même trois. Ces petites larmes enfumées se tenaient à 6 centimètres environ au-dessus de leur tête. Ces entités, lorsque le réceptacle est prêt, viennent se placer au-dessus de la tête de l'heureuse élue, avant leur propre conception.

Elles ont la forme d'une langue ou plutôt d'une larme allongée "brouillée" ou "enfumée". Elles sont patientes, car elles vous ont choisies pour venir faire leur cheminement terrestre et cela, je le sais maintenant, avec votre propre accord.

Normalement, l'entité qui vous a choisie, connaît déjà la Mission qu'elle aura à accomplir sur la Terre. C'est une entente que vous avez oubliée, mais une entente acceptée et discutée avant la venue de cette entité. Cette entente pourrait se comparer à un contrat que vous avez signé avant même votre propre venue sur la Terre. Vous vous êtes choisis, l'un sera parent, l'autre enfant.

## L'histoire de Caroline

Lorsque que Caroline se présenta chez-moi pour une consultation, je lui donnai la main en signe de bienvenue et la félicitai pour l'enfant qu'elle attendait.

En attente de la conception

2 jours après la fécondation

6 jours après la fécondation

Fausse-couche annoncée

**Entités en devenir**

Elle me regarda, surprise, et me dit que je faisais erreur et qu'elle n'était pas enceinte. J'étais stupéfaite car c'était la toute première fois que j'apercevais une demie entité, ou plutôt, la moitié d'une "larme" complètement entrée dans la tête d'une jeune femme. J'en avais tout de suite conclu qu'elle était enceinte. C'est pourquoi, je fus si surprise lorsqu'elle me dit que je me trompais. "Peut-être avais-je fait erreur ou mal interprété l'information reçue?" Le mois suivant notre rencontre, je reçus un appel téléphonique de Caroline m'informant que lorsqu'elle était venue me rencontrer, elle était enceinte, mais l'ignorait totalement, car elle n'accusait aucun retard dans ses menstruations. D'après ses calculs, elle aurait été fécondée 6 jours avant notre rencontre. Il était donc naturel qu'elle ignorait sa grossesse au moment où elle se présenta chez-moi.

Caroline était très heureuse, mais elle m'appelait, car elle souhaitait que je lui explique comment j'avais su qu'elle était enceinte. Je lui donnai simplement les explications se rapportant aux entités "enfumées" qui se placent au-dessus de la tête de leur future maman. La sienne étant à moitié entrée, j'en avais facilement conclu qu'elle était enceinte. Elle accepta, avec grande joie, mes explications. Elle comprit qu'une entité l'ayant choisie, s'était placée juste au-dessus de sa tête, attendant le moment propice pour faire son entrée. Il ne s'agissait que d'une toute petite "larme enfumée", mais cette superbe entité avait trouvé la route qui allait faire d'elle l'enfant tant souhaité de la belle Caroline.

Je venais d'avoir la confirmation de la façon dont se présente une entité avant son entrée complète dans l'utérus de sa maman.

Si Caroline était enceinte de 6 jours lorsque je vis cette petite "larme" au-dessus de sa tête, à moitié entrée, on peut conclure que cela prend environ 12 jours, à l'entité, pour pénétrer dans le fœtus. L'entité attend que l'ovule soit fécondé avant d'entrer progressivement dans celui-ci.

N'oublions pas que cette naissance est la résultante d'un 'contrat' dont vous connaissiez tous les 2 l'existence et que vous étiez totalement en accord avec celui-ci avant votre venue sur Terre.

Par la suite, je me suis maintes fois amusée à informer les jeunes femmes de leur future maternité.

Les mois et les années passèrent. Je continuais d'informer les femmes qui avaient des entités au-dessus de leur tête qu'elles pouvaient être enceintes sous peu. Ces entités n'attendaient que le bon moment pour faire leur entrée !

*
**

Ma toute dernière rencontre avec une future maman se passa lorsque René et moi sommes partis en vacances dans un magnifique endroit, au bord de la mer. Nous étions attablés pour un super souper, en amoureux, lorsque j'aperçus un jeune couple qui se regardait tendrement. L'amour illuminait leurs visages !

Après avoir fait plus ample connaissance et partagé leur repas, je leur demandai s'ils souhaitaient avoir un enfant. La réponse étant affirmative, je me permis donc de les informer qu'ils allaient être les heureux parents d'un premier enfant. Ils avaient peine à me croire. Ils étaient là pour fêter leur premier anniversaire de mariage. Je leur donnai mon adresse courriel et leur demandai de m'écrire pour me tenir au courant. Quelques semaines plus tard, je reçus une réponse affirmative confirmant l'heureux événement. La future maman était très heureuse et comblée. La petite "larme" venait à peine d'entrer, de là ma conclusion qu'ils avaient conçu l'enfant 2 jours avant notre rencontre.

## L'histoire de Geneviève

Une belle jeune femme vint me consulter ; elle se prénommait Geneviève. Elle craignait d'être infertile. Je sais très bien que je ne possède aucune compétence médicale. Qui étais-je pour informer cette jeune femme qu'elle pouvait 'concevoir' avant même qu'elle ait passé des tests médicaux ? Cependant, elle avait bel et bien 2 entités au-dessus de sa tête. Alors, je demeurais convaincue qu'elle pouvait avoir des enfants.

Après de multiples tentatives, Geneviève n'était toujours pas enceinte et cela la rendait très triste et anxieuse. Je demandai donc l'aide des Êtres de Lumière et l'information que je reçus me renversa. Ils me montrèrent que le problème venait de son mari. Bien plus encore, ils me dévoilèrent des testicules 'noirs'. Cela me sembla un bien mauvais présage. Je n'osai lui dire qu'il pouvait s'agir d'un cancer, mais j'insistai fortement pour que son conjoint aille passer des examens médicaux. J'insistai également sur l'urgence de passer ces tests. Fort heureusement, Geneviève avait très confiance en cette rencontre, car elle me dit que sa mère était venue me consulter et qu'elle avait changé d'une façon très positive depuis. Elle demanda donc à son conjoint d'aller consulter son médecin le plus rapidement possible, ce qu'il fit.

J'appris, plus tard, lors d'une deuxième rencontre avec Geneviève que la vie de son conjoint avait été sauvée *in extremis*. Celui-ci n'en revenait tout simplement pas. Le médecin lui avait dit : "Tu serais venu un mois plus tôt et je n'aurais rien vu et six mois plus tard, je n'aurais rien pu faire. Vous êtes vraiment venu au bon moment !" Il ne souffrait pas, n'avait aucune douleur, ni symptômes ; cependant, il était atteint d'un cancer des testicules. Avant d'en faire l'ablation, le médecin suggéra de prélever du sperme afin que Geneviève puisse être fécondée "in vitro" lorsqu'ils seraient prêts, tous les deux, à avoir des enfants.

Aujourd'hui, tout va merveilleusement bien. Ils sont les heureux parents de 2 magnifiques enfants, dont l'une prénommée Céleste. N'est-ce pas merveilleux ?

J'étais si excitée et emballée par le dénouement heureux de l'histoire de Geneviève que je la racontai à ma jeune coiffeuse Sidgi. Celle-ci était maintenant en couple depuis bientôt une année et lorsque je lui ai décrit ce qui était arrivé, elle me demanda si j'apercevais des entités au-dessus de sa tête. C'était facile de répondre, car il y en avait effectivement 2, bien placées ; elles semblaient attendre le moment propice pour faire leur entrée. Était-ce des jumeaux ou 2 entités séparées, je l'ignorais. Il fut convenu, entre Sidgi et moi, qu'elle ne m'informerait pas de sa grossesse. Elle attendrait que je le lui dise! De cette façon, cela confirmerait mes dires. Elle désirait me mettre à l'épreuve.

Deux mois passèrent, les entités ne bougeaient pas. Elles étaient toujours au même endroit. Au troisième mois, lorsque je me présentai au salon de coiffure, je vis une des 2 entités qui était à moitié rentrée. Cette fois, c'était complètement différent! Malheureusement, l'entité était placée de travers et du côté de la tête et était toute noire. Je ne comprenais pas ce qui se passait, mais encore une fois, je pressentis que cela n'annonçait rien de bien réjouissant! Pourquoi l'entité avait-elle changé de couleur? Pourquoi était-elle passée du gris au noir? Je me dis que cela ne se présentait pas normalement. Puis, je demandai à Sidgi si elle avait une nouvelle à m'annoncer? Elle me répondit joyeusement: "Je crois que je suis enceinte." Je confirmai et lui demandai si elle allait bien. Elle ajouta: "Non, je me sens bizarre et j'ai la nausée. Je me sens faible également!" Bien sûr, je ne lui ai rien dit sur la couleur et la mauvaise position d'entrée de l'entité, j'allais attendre de la revoir le mois suivant.

Lorsque je revis Sidgi, elle était triste et ses beaux grands yeux noirs me fixèrent. Elle avait la larme à l'œil. Je lui demandai ce qui se passait. Elle dit simplement: "J'ai fait une fausse-couche, j'ai perdu mon bébé!" Je lui décris alors ce que j'avais aperçu et l'encourageai en lui disant qu'elle avait encore 2 entités au-dessus de la tête. "Alors" lui dis-je "c'est probablement mieux ainsi, malgré toute la peine que tu ressens, car si l'entité s'est replacée au-dessus de ta tête, c'est qu'elle va revenir. Cette fois-ci, elle sera en santé, ce qui n'aurait certainement pas été le cas étant donné sa couleur et la façon dont elle se présentait." Cela la rassura quelque peu. Six mois plus tard, Sidgi était bel et bien enceinte et tout se présenta merveilleusement bien. Elle est aujourd'hui la maman de 2 beaux garçons en santé et très actifs.

# Le discernement

Avec le temps, je compris que je me devais de posséder cette qualité essentielle : le DISCERNEMENT et croyez-moi, au début, j'en ai souvent manqué ! Je ressemblais davantage à une enfant, complètement éblouie par l'ampleur du cadeau reçu. Sans me poser de questions, j'avais plutôt tendance à rapporter exactement et rapidement l'information obtenue. Imaginez un seul instant que vous apercevez la "mort" ou un grave accident dans la vie de votre meilleure amie ainsi que le déroulement et l'emplacement de ces dits événements. Allez-vous stupidement vous élancer vers celle-ci et lui raconter ce que vous avez vu ou entendu ? Non, évidemment. Pourtant, j'ai bêtement fait cette erreur. J'aurais dû chercher à comprendre si cette information était un "constat inévitable" ou une demande d'intervention pour qu'elle puisse s'en sortir. J'ignorais, à ce moment-là de ma vie, comment je devais intervenir et surtout si je devais intervenir.

Je me souviens avoir croisé une dame au marché d'alimentation et de lui avoir dit bêtement : "Madame, allez vous reposer, vous allez bientôt être victime d'un AVC !" Elle faillit s'écrouler devant moi et répondit : "J'ai des problèmes de pression artérielle, il arrive qu'elle soit trop haute, comment le savez-vous ?" Il s'ensuivit de nombreuses questions auxquelles je tentai de répondre. Heureusement, elle s'en sortit et lorsque je la croisai la semaine suivante, elle me remercia. Cependant, cet événement me permit de réaliser que j'avais gravement manqué de jugement et de discernement.

J'entendais et je voyais tel un film sur un écran géant derrière la personne que je croisais. Je devais impérativement apprendre à travailler avec ces nouvelles capacités. Le discernement m'obligerait à me poser au moins 3 questions avant d'intervenir : *quoi dire ? quand le dire* et, surtout, *comment le dire ?*

Je compris rapidement que le discernement seul n'était pas suffisant. Je réalisais également que ma rencontre avec l'Être de Lumière m'avait complètement transformée. À mon retour sur Terre, telle une enfant, j'avais pleuré, gémi sur mon sort. Trop centrée sur ma personne, je pleurais mes pertes et j'ignorais totalement l'ampleur du cadeau qu'Il m'avait offert ! Je ne réalisais pas qu'Il ne m'avait jamais quittée. Pourtant, Il se tenait toujours à mes côtés.

Plus j'avance dans la vie et plus je comprends toute l'importance d'avoir du discernement. Est-ce vraiment nécessaire de tout dire ? Ou n'est-ce qu'un superbe "trip" d'ego qui me procure une impression de puissance et qui me confère le titre de "médium" ? Le plus important, je crois, est de rendre service et de tendre la main à la personne qui vous demande de l'aider afin qu'elle puisse poursuivre sa route, tout en l'encourageant et en lui faisant bien comprendre qu'elle n'est plus seule. Même si elle ne les sent pas ou ne les voit pas, il y a toujours des guides, des Êtres de Lumière à ses côtés et ils ne demandent qu'à l'éclairer. Mon plus beau rôle est de lui démontrer qu'elle peut entrer en contact avec Eux.

Si j'ai la chance de voir son aura, de lire dans l'Akasha et de rencontrer ses guides, n'ai-je point l'obligation de lui en faire part ? Je dois apprendre à reconnaître ses capacités à recevoir certaines informations. Mon rôle n'est-il pas de l'aider à se réaliser afin qu'elle puisse s'améliorer, avancer dans la vie et réussir la mission qu'elle s'est donnée avant de venir sur Terre ?

Dorénavant, il n'existe aucun moment où je m'exprime sans demander "La Parole Juste" et sans demander l'approbation des Êtres de Lumière. De toute façon, je ne suis qu'un canal et jamais je ne veux l'oublier. L'image qui me vient à l'idée lorsque je parle de canal est celui d'un porte étendard (porte-drapeau). Le seul et unique rôle de ce porte étendard n'est-il pas de porter le drapeau ? Il n'a aucune décision à prendre, il porte !!! Pour ma part, je ne suis que le 'messager' et je me dois tout simplement de transmettre le plus simplement possible la vérité qui m'est donnée. Je dois cependant la transmettre avec beaucoup de sagesse et de compassion, non pas aveuglément et sans considération pour la personne qui vient me consulter.

# Qui sont les Êtres de Lumière

Quand je me suis retrouvée dans ce que j'ai appelé le Soleil, c'est là que j'ai vu pour la première fois un Être de Lumière. Je l'ai appelé ainsi, car j'ignorais d'où il venait et qui il était. Je constatais qu'il était "pure Énergie". Il ressemblait au Soleil, il vibrait comme le Soleil. Il était androgyne de par ce qu'il dégageait, père et mère à la fois. J'avais cependant l'impression d'être en compagnie d'un Père infiniment bon! Je sais très bien que l'énergie est invisible, mais je la vois comme si je portais des lunettes infrarouges.

Depuis, j'ai eu l'incroyable chance d'en rencontrer d'autres et à chaque fois, je suis complètement renversée et bouleversée par l'Amour qu'ils dégagent. Ils irradient et illuminent totalement la pièce, sans toutefois être aveuglants comme le Soleil. À chaque fois qu'ils se présentent, ils m'enlacent de cet incroyable Amour sans jugement. Il émane d'Eux tellement de bonté, de compassion, de compréhension et de sagesse que leur présence me donne le goût d'être une meilleure personne. Je n'ai qu'un souhait: leur ressembler!

Ces Êtres se distinguent de par la ou les couleurs qui émanent d'eux, comme s'ils arboraient une ou des couleurs du "spectre des couleurs". Toujours aussi vibrants et rayonnants, ils se présentent sous différentes teintes, que ce soit un bleu royal incroyablement lumineux, un vert éblouissant, mais non aveuglant ou d'une couleur argent dotée d'un centre mauve étincelant. Chacun d'Eux vibre comme une onde électromagnétique.

Ils sont tous interreliés et la couleur nous indique à quel niveau ils appartiennent et dans quel domaine ils évoluent. Ils sont très nombreux à intervenir auprès de nous. L'Être qui se présente à vous et qui rayonne d'un bleu royal éclatant n'est pas le même qui vient vers vous et qui affiche un superbe et rayonnant vert émeraude. Ne croyez pas que c'est le même Être qui a tout simplement choisi d'arborer une autre couleur ; il s'agit plutôt de deux Êtres bien distincts. Leur spécialité est tout simplement différente. Ils appartiennent à une surprenante hiérarchie où l'ordre, l'entente et le respect se chevauchent en toute harmonie.

Le but principal de chacun d'Eux est de nous aider à accomplir notre Mission afin qu'après de nombreuses incarnations sur Terre, nous atteignions notre plus haut niveau d'évolution. Cette ultime étape nous permettra de retourner à la Source où nous pourrons enfin fusionner avec Elle et ne faire qu'UN.

Ils nous guident dans différents domaines tels que la santé, la carrière, l'amour, les finances, etc. Ils nous consolent, nous aident à découvrir et à développer nos talents, nous informent du danger, nous protègent. D'ailleurs, j'ai retrouvé la santé lorsque je suis entrée en contact avec l'Être de Lumière argent et rempli de bleu en son centre ! Par contre, celui qui était doré m'a parlé d'Amour Inconditionnel. Chacun a sa couleur et chaque couleur est rattachée à une "qualité ou spécialité". Ils nous accompagnent afin que nous devenions également des êtres remplis d'Amour, de compassion, de compréhension et de pardon afin que nous devenions à notre tour des êtres de lumière.

Vous avez peut-être l'impression qu'ils ne sont pas là, car me direz-vous, vous ne les voyez pas ou ne les entendez pas. Pourtant, ils sont si présents ! Nul besoin de les voir, il s'agit tout simplement de faire appel à Eux ; ils sont si heureux de pouvoir enfin vous aider. Pourquoi travailler seuls lorsque nous pouvons faire équipe avec Eux ? N'y a-t-il pas un proverbe qui dit : "Demandez et vous recevrez ?" Demandez-leur de vous aider et de vous guider ; je suis certaine qu'ils accepteront avec grand plaisir.

Vous me direz probablement : "Pourquoi m'aideraient-ils ? Qu'ai-je fait ou mérité pour attirer ainsi leur attention ? Nous sommes si nombreux sur la planète, peuvent-ils tous nous aider ?" La réponse est OUI. Demandez, vous serez surpris de la réponse ! De plus, leurs capacités sont infinies. Ils peuvent aisément se décupler, être à différents endroits en même temps. Ne croyez surtout pas que vous n'êtes pas suffisamment important pour être soutenu par Eux, car vous et moi, faisons partie de la même équipe, un peu comme une équipe de football. Quand l'un d'entre nous réussit à compter ou à réaliser la mission pour laquelle il est venu sur Terre, nous en bénéficions tous, car nous sommes interreliés. Nous sommes les chaînons d'une même chaîne. Nous évoluons et faisons évoluer notre propre planète. N'est-ce pas merveilleux ?

Mais comment demander leur aide ? Vous trouverez certainement votre propre façon de les solliciter, mais je vous somme de ne pas oublier 3 points "très" importants. Premièrement : Énoncez très clairement ce que vous désirez. Deuxièmement : Ajoutez toujours après votre requête : "En autant que ce soit bon pour moi", et troisièmement : Remerciez-les pour l'aide apportée. Lâchez prise et vous pourriez bien être surpris du cadeau que vous recevrez. Soyez attentif et observez !

Ces Êtres de Lumière me font souvent penser à des professeurs observant l'enfant du primaire que je suis. Quand nous débutons nos apprentissages scolaires, nous croyons que c'est difficile, car nous ne sommes pas familiers avec ces nouvelles connaissances. Puis, nous apprenons lentement à lire et à écrire. À ces apprentissages, nous ajoutons les mathématiques et d'autres matières encore. Je me souviens être allée demander des explications à mon enseignante de 1ère année et celle-ci a toujours accepté de partager ses connaissances avec beaucoup d'attention et de délicatesse. Puis, j'y suis retournée, car je ne comprenais toujours pas certaines notions. Patiente, cette gentille enseignante ne se lassait pas et recommençait ses explications. Je me souviens également du bonheur qui illuminait son visage lorsque je réussis ma première année. Elle était si fière de moi ! Cette enseignante omnisciente ne me jugeait pas, elle était tout simplement heureuse de constater tous mes progrès. Je passais en 2e année, elle avait accompli sa tâche, sa mission.

Quelques années plus tard, alors que je fréquentais le secondaire, je repensai à ma première année. J'étais surprise d'avoir trouvé cette année difficile ; elle m'apparaissait maintenant si simple et tellement facile ! Je riais même lorsque je me revoyais formant mes premières lettres, des "a" et des "o" dépassant les 2 lignes de mon cahier. Maîtrisant maintenant l'écriture, je réalisais, tout simplement, que j'étais passée à une autre étape. Il en est ainsi avec les Êtres de Lumière, ils nous aident à comprendre et à réaliser notre plan, celui que nous avons choisi de réaliser avant notre venue sur la Terre. Je les compare à mon enseignante du primaire ; ils savent très bien qu'ils peuvent nous épauler et que la matière est facile, car ils la maîtrisent parfaitement. Alors, ils nous secondent par leur présence, leur Amour, leur patience et leur grande compréhension. Ils connaissent le chemin à parcourir et ils font tout pour nous aider et nous accompagner.

Lorsque je m'adresse à eux, implorant leur aide, je m'assure que cette demande soit réaliste. Un enfant entrant en 1ère année pourrait-il souhaiter passer directement au secondaire, sans avoir complété son primaire ? Impossible ! Cette requête ne serait vraiment pas réaliste. Il en est ainsi des demandes que nous leur adressons. Il ne me viendrait certainement pas à l'idée de leur demander un poste d'infirmière si je n'ai pas complété ou amorcé de telles études ! Par contre, si mes études étaient terminées dans ce domaine, je pourrais certainement m'adresser à Eux en leur disant : "Aidez-moi à me trouver un poste d'infirmière qui me rendra heureuse et où je pourrai aider les malades que je côtoierai. Je désire que ce poste soit près de chez-moi et qu'il soit très bien rémunéré et surtout que ce soit bon pour moi. Merci !" Naturellement, j'enverrais des curriculum vitae dans différentes institutions et hôpitaux, mais je suis convaincue que je serais dirigée exactement au meilleur poste de travail qui servira à mon évolution.

On me pose souvent les questions suivantes : "Les Êtres de Lumière sont-ils des Anges ?" Y a-t-il une différence entre les deux ?

La majorité des personnes qui me pose ces questions est plutôt de confessionnalité catholique ! Quand on me parle d'Anges, la première image qui me vient est celle de ces Êtres lumineux magnifiques arborant d'immenses ailes et qui semblent se déplacer, tels de superbes oiseaux. En ce qui me concerne, je n'ai jamais aperçu ces êtres ailés magnifiques. Par contre, je me suis réellement posé ces questions à de nombreuses reprises. La seule réponse que je puisse vous donner est que, lorsque les Êtres de Lumière bougent, ils font un mouvement oscillatoire pouvant être confondu à un mouvement d'ailes. Ils bougent avec aisance et peuvent nous envelopper complètement, un peu comme s'ils plaçaient une couverture chaleureuse, affectueuse et réconfortante autour de nous. Ils peuvent également prendre la forme la plus significative et rassurante pour nous. Ils ne sont pas là pour nous faire peur ; ils désirent simplement nous aider, nous protéger et nous soutenir.

Une autre question souvent posée : "Puis-je sentir leur présence ?" Oui, bien entendu. Ces Êtres sont très subtils et délicats dans leurs agissements. Vous n'entendrez jamais de portes claquer ou des bruits étourdissants. Ils se manifestent calmement, car ils ne désirent point provoquer de sentiment de panique ; ils souhaitent vous rassurer, vous calmer et surtout vous sécuriser, même s'ils tentent de vous informer d'un danger imminent.

Vous pouvez soudainement sentir un léger parfum de fleurs. Ils affectionnent tout particulièrement celui de la rose. Alors, si un léger effluve de rose est apparu subrepticement et n'a duré qu'un court instant, il est fort probable qu'ils se soient manifestés afin que vous sentiez leur présence et leur appui. Avant de conclure que ce parfum est dû à leurs présences, ma première réaction serait de vérifier si je n'ai pas une fenêtre ouverte donnant sur un jardin de roses ! Si ce n'est pas le cas et qu'il n'y a aucune possibilité que ce parfum vienne de plans fleuris à l'extérieur, alors là, je sais ; je suis convaincue qu'ils viennent me saluer et m'informer de leurs présences. Je sais qu'ils affectionnent particulièrement cette façon de nous saluer. Ils aiment également renchérir un travail ou confirmer une information que je donne ou explique. C'est un peu comme s'ils disaient : "Oui, c'est ça, tu as compris, continue." Alors, je les remercie de leur intervention.

Voici un exemple : lors de l'achat de notre dernière automobile, René, mon conjoint, avait arrêté son choix sur l'auto qu'il croyait être la meilleure pour nous 2. Je ne m'implique pas ou presque pas dans ce genre d'achat. Nous étions chez le concessionnaire lorsque j'aperçus le prix de l'automobile qu'il avait choisie. J'avoue que je trouvais cela dispendieux. À partir de ce moment, je ne portai plus attention aux échanges entre lui et le vendeur, trop absorbée à examiner les coûts et les dépenses occasionnées pour un tel achat. Dans ma bulle, je ne disais mot lorsque, soudain, le vendeur dit : "Madame, j'ignore ce qui se passe, mais depuis que vous êtes arrivée, une odeur de rose pénètre sans arrêt dans le bureau. Est-ce votre parfum ?" Impossible, je n'en portais pas. Surprise, je le regardai estomaquée, car je ne sentais absolument rien. Je n'avais perçu aucune odeur ! Impossible d'ignorer la provenance d'un tel parfum ; je savais bien qu'il venait des Êtres de lumière. J'ignorais la raison pour laquelle ils étaient intervenus, mais qu'importe, je n'allais certainement pas passer outre leur intervention. Nous achetâmes donc cette auto !

Ces Êtres merveilleux affectionnent également nous faire de petits "clin d'œil". Ils font régulièrement scintiller les lumières. N'oublions pas que l'Énergie est leur domaine ! Alors, tout ce qui touche de près ou de loin à l'énergie est un peu comme leur terrain de jeux. C'est également ce que nous percevons le mieux ! Lorsque la lumière scintille dans mon bureau, je me lève et vérifie s'il y a une autre pièce de la maison où cela se produit. Je veux tout simplement m'assurer que c'est bien Eux qui me saluent et que ce scintillement n'est aucunement dû à une défectuosité dans le système électrique. Je m'assure également que ces petits "clins d'œil" ne sont pas la résultante d'un problème de filament ou d'une ampoule sur le point de brûler. Si toutes ces hypothèses sont écartées, je sais ! Ils sont bel et bien présents. Ils désirent simplement me saluer ! Avec les années, je les reconnais facilement et n'ai plus besoin de faire toutes ces vérifications, mais au tout début lorsqu'on n'est pas habitué, il vaut mieux vérifier ces différentes possibilités avant d'affirmer quoi que ce soit. Lorsque ces scintillements se produiront en présence d'autres personnes, informez tout simplement vos amis(es) que les Êtres de Lumière les saluent.

Lorsque je médite, travaille ou tout simplement lorsque je suis dans un état de relaxation, je ressens leur présence à mes côtés, je ne me sens jamais seule. Je perçois régulièrement une douce chaleur me caresser la joue droite; on dirait un doux câlin. À ce moment, je sais qu'ils sont là. Je ne suis vraiment pas la seule personne à ressentir ces petites marques d'affection; il faut simplement porter attention. Comme je l'ai déjà mentionné, ils sont subtils et très délicats dans leurs agissements. Lorsque j'informe les gens sur leurs façons de fonctionner, ils me répondent très souvent: "Ah! C'est comme ça qu'ils agissent!" Surpris, ils ajoutent: "J'ai déjà ressenti cela, mais j'avais peur, j'ignorais ce que c'était. Je croyais que c'était mon imagination!"

Lorsque vous êtes dans un état de détente, de relaxation ou de méditation, il se peut que vous entendiez clairement une voix vous saluant et vous disant: "Bonsoir Diane, je te souhaite une bonne nuit." Cette voix est forte et très claire, vous vous demanderez: "Qui donc m'a salué?" Vous sursauterez probablement et votre première réaction sera de chercher d'où provient cette voix. Vous bondirez du lit, cherchant qui, dans une autre pièce de la maison, vous a salué. Après vérification, vous vous rendrez compte que personne n'a tenté de vous appeler. Tous les membres de votre famille sont bien endormis. Pourtant, cette voix, vous l'avez bel et bien entendue. Non, vous ne rêviez pas! Après mûres réflexions, vous réaliserez que cette Voix, qui s'est fait entendre, semble provenir de l'intérieur de votre tête. "Est-ce possible?" vous direz-vous. Non, n'ayez crainte, vous n'hallucinez pas; cette façon de faire est bien la leur. Ils ont tout simplement décidé de vous saluer, car ils vous aiment et souhaitent vous le faire savoir!

Vous êtes probablement en contact régulièrement avec ces Êtres merveilleux, mais l'ignorez tout simplement.

Un exercice que j'affectionne tout particulièrement est celui de l'objet perdu! Qui d'entre nous n'a pas égaré ses clés ou un document important? Vous ne vous souvenez plus de l'endroit où vous les avez déposés. Fermez simplement les yeux et demandez-leur de vous aider à les retrouver. Dans 90% des cas, vous recevrez une image vous indiquant où ces objets se trouvent. Dernièrement, je cherchais le syllabus d'un cours que j'avais reçu, mais j'avais complètement oublié où je l'avais placé. Lorsque je fermai les yeux et fis ma demande, je reçus la vision suivante : un fond de poche de manteau ! Pourtant, il faisait chaud depuis plusieurs semaines déjà ; je me rappelai alors que la journée où je l'avais reçu, il avait plu et que j'avais enfilé mon imperméable… J'avais oublié, mais je retrouvai mon document dans le fond de ma poche comme on me l'avait montré. Vous pouvez également, si vous n'êtes pas visuel, recevoir l'information qui vous apparaît comme une intuition, vous suggérant d'aller voir dans la poche de votre manteau. Encore une fois, il s'agit d'une aide apportée par Eux. Soyez attentifs, vous verrez, vous n'êtes vraiment pas seul. Ils sont là et font tout pour vous aider.

# La méditation

La méditation est certainement l'un des meilleurs moyens d'entrer en contact avec les Êtres de Lumière. Je l'utilise régulièrement, sinon quotidiennement pour faire mes demandes, les remercier ou tout simplement pour recevoir des messages. C'est également un excellent moyen de faire taire le mental, de faire le vide ou de s'harmoniser avec tout ce qui existe dans l'Univers. J'avoue que c'est un de mes moments préférés de la journée. Je relaxe enfin ou j'en profite pour faire une bonne introspection.

Je vous donne ma façon de procéder, mais si vous vous sentez très confortable avec la vôtre, alors ne changez rien à votre façon de faire. Voici la mienne :

Je choisis toujours un endroit où je me sens bien, où je vais pouvoir m'installer confortablement, sans être dérangée. Au tout début, je pratiquais cet exercice dans ma chambre à coucher, car je n'avais pas d'autre endroit pour m'installer. Aujourd'hui, n'ayant plus d'enfants à la maison, j'ai réservé une pièce uniquement pour cet exercice. Je m'assure que ma pièce a été bien aérée et sans encombrement. Comme les Êtres de Lumière affectionnent le parfum de rose, j'utilise une huile essentielle de rose ou de géranium rosat que je diffuse dans la pièce. J'aime bien y ajouter une belle rose rouge, en signe de respect pour Eux et j'allume une chandelle blanche que je place au centre de la table. Je me dis que la lumière attire la Lumière, de là l'utilisation de la chandelle. Puis, je m'installe confortablement dans un fauteuil faisant face à la table où est placée la chandelle.

Lorsque je suis bien installée, je tente de faire le vide en moi, mais je sais que ce n'est pas toujours facile de chasser les nombreuses pensées qui tentent de nous envahir. Sans culpabilité, je chasse ces pensées et je recommence ou reprends où j'en étais. Puis, je tente de relaxer et de me détendre complètement. Je détends toutes les parties de mon corps, commençant par les pieds, je les bouge et les replace sur le sol. Je continue ainsi avec mes chevilles, mes mollets, mes jambes, etc... Je monte ainsi et ressens le bien-être s'installer dans chacun de mes membres. J'inspire profondément, gonflant mon abdomen et expirant l'air lentement. Je finis régulièrement avec les épaules, les détendant, en pratiquant de légers mouvements, me replaçant lentement et je termine avec la tête, en ayant bien pris soin de détendre ma nuque.

C'est comme si mon cerveau devenait vide, blanchâtre et, par la suite, très lumineux. Je continue mes respirations profondes. Lorsque mon corps est parfaitement bien détendu, je visualise mes pieds, y ajoutant des racines afin de me sentir entièrement "enracinée", liée à la Terre. Je termine avec la tête en visualisant un cordon doré partant du dessus de ma tête pour m'unir à l'Univers et aux Êtres de Lumière. C'est comme si j'avais un immense fil doré qui se dirigeait vers le Ciel. Je me sens donc ainsi liée à la Terre par mes racines et connectée au Ciel par mon cordon doré.

Lorsque cette partie est complétée, je reviens vers mon centre Cœur, consciente de ma respiration. Je centre toute mon attention sur mon cœur et je l'imagine à chaque respiration se remplir d'amour. Ce moment est particulièrement précieux et j'en déguste chacune des minutes à imaginer mon cœur se gonfler de ce merveilleux Amour. Il respire calmement et bat lentement au rythme de mes respirations. Quelle merveilleuse mécanique! Ce cœur n'arrête jamais de battre, il travaille sans arrêt et ne demande jamais de pause! Puis, j'imagine ensuite les millions de cellules de mon corps, un peu comme si chacune ressemblait à des "pacmans amoureux". J'envoie beaucoup de lumière et d'amour dans chacune de ces cellules, les imaginant heureuses et très harmonieuses. Elles deviennent très lumineuses. Elles semblent si heureuses de travailler ensemble! Pendant tout l'exercice, je garde les yeux fermés. Je me sens maintenant très détendue. Je peux alors passer à la dernière phase de la méditation. Cette dernière partie sera destinée soit à faire mes demandes, à entrer en contact avec une personne décédée ou à m'aider à entamer un dialogue avec les Êtres de Lumière.

# Comment entrer en contact avec Eux

La méditation est certainement le meilleur moyen que j'ai trouvé pour établir le contact. Lorsque je suis rendue à la toute dernière étape de celle-ci et que je suis bien détendue, je vais tenter d'établir le contact. Pour ce faire, je dois énoncer clairement ce que je désire. Je peux souhaiter entrer en contact avec Eux uniquement pour sentir leur présence bienveillante, mais il se peut que j'aie besoin de réponses précises à un questionnement.

En ce qui me concerne, j'ai commencé par poser des questions auxquelles ils pourraient répondre par Oui ou par Non. Cela pouvait être aussi banal que "Devrais-je vendre ma maison?" "Devrais-je changer d'emploi?" "Est-ce une bonne personne pour moi?" etc… J'ai posé de nombreuses questions auxquelles j'ai reçu des réponses. Je ne dirais jamais une phrase "demandant" plusieurs réponses, telle que "Devrais-je partir en voyage cet été avec mon mari et mes enfants?" Certes, ils peuvent vous conseiller de partir en voyage, mais comprendrez-vous s'ils vous suggèrent qu'il serait préférable de faire ce voyage, en amoureux avec votre mari, l'hiver prochain? À ce moment-là, il vous faudrait poser plus d'une question, du style: "Devrais-je partir en voyage?", "Devrais-je y aller cet été?", "Devrais-je y aller avec mon mari?"

Au tout début, vous aurez peut-être un peu de difficulté à vous ajuster ou à comprendre leur réponse. Peut-être douterez-vous de la réponse que vous recevrez! En premier lieu, vous devez être complètement détaché du résultat ou de la réponse. Restez "neutre" afin de pouvoir décoder leur réponse. Cet état est primordial. Soyez prêt à écouter. Les réponses se feront entendre à l'intérieur de vous.

Vous risquez de penser que c'est votre imagination. Alors reposez la question afin de vous assurer d'avoir bien compris. Si vous doutez et que vous êtes incertain, alors recommencez; ils se feront un plaisir de vous répondre une 2e et une 3e fois. N'ayez crainte. Par contre, si vous n'entendez aucune réponse de façon auditive, je vous suggère d'employer une autre méthode. Si vous êtes comme moi, vous aurez besoin de preuves. De plus, nous devons nous ajuster à Eux, tout comme ils doivent s'ajuster à nous. Nous n'évoluons pas au même niveau. Ils appartiennent à un Plan supérieur. Il faut donc ajuster nos fréquences.

À mes premiers essais, j'étais nerveuse et je me demandais si j'hallucinais; c'est pourquoi, je me souviens très bien leur avoir dit : "S'il-vous-plaît, aidez-moi, j'ai besoin d'une réponse précise. Je vais vous poser la question 3 fois. Je vous demande de confirmer 3 fois." Puis, je posai ma question, restant neutre et prête à entendre la réponse. La première fois qu'Ils me répondirent OUI, je sentis un frisson qui partit de mon cou, à ma gauche, et descendit tout le long de mon bras. Ma première réaction fut d'aller vérifier s'il n'y avait pas une fenêtre ouverte et que ce frisson n'était pas dû à un petit courant d'air. Pourtant, ce frisson n'était pas froid mais, sceptique, je me demandais bien comment il se faisait que j'avais ressenti un tel frisson. Cela ressemble au frisson que nous ressentons lorsque nous entendons une superbe chanson qui nous remplit d'émotions. Comme j'ai besoin de preuves, je reposai la question une 2e fois, puis une 3e. À chaque fois, le frisson sur mon bras gauche se produisit. Alors, je savais que la réponse à ma question était Oui. Je continuai à travailler et même à poser des questions dont je connaissais la réponse. Je me rendis rapidement compte que lorsque la réponse était NON, il n'y avait absolument rien qui se produisait. Aucun frisson! Plus tard, j'enseignai cette méthode.

C'est à ce moment que je réalisai que la réponse positive pouvait être reçue différemment d'un individu à un autre. Certaines personnes ressentent plutôt une pression "chaleureuse" au cœur, pas une douleur, simplement une douce pression chaude. D'autres m'ont dit que cette douce et chaleureuse pression se produisait à la nuque. Qu'importe si cette étreinte se produit au bras, à la nuque ou au cœur, l'important est qu'ils sont là et qu'ils se font un plaisir de nous aider.

Plus vous allez faire cet exercice d'échanges, plus vous vous rendrez compte de leur présence. Puis, un beau jour, alors que vous serez en train de converser avec une amie, votre conjoint ou même une personne que vous connaissez à peine, cela se produira à nouveau. Pourtant, vous n'aurez demandé aucune confirmation à savoir si ce que l'autre personne affirme est vrai. Peut-être, vous êtes-vous simplement demandé si ce qu'elle disait était juste. Vous aurez la surprise de réaliser qu'ils confirment, tout simplement, sans même que vous l'ayez demandé. Ils sont présents!

Il m'est souvent arrivé de discuter avec mon conjoint de différents sujets, nous demandant ce qui était bon pour nous; des discussions de tous les jours comme nous en avons tous. De très nombreuses fois, le frisson revenait sur mon bras gauche, alors je demandais à René de revenir sur ce qui avait été dit, un peu comme lorsqu'on décide de faire marche arrière pour réécouter une chanson ou une musique sur un enregistrement. Je voulais tout simplement m'assurer de bien saisir leur confirmation. Et toutes les fois que c'était juste, un frisson descendait le long de mon bras gauche. Alors, je comprenais que c'était important!

# La pile énergétique

La première fois que j'aperçus la pile énergétique du corps humain, je fus complètement renversée par cette vision. Je regardais le père de René qui venait d'être hospitalisé. Je savais qu'il n'allait pas bien, mais j'ignorais que nous assistions à ses dernières heures de vie. René m'avait demandé de bien le regarder et de lui dire ce que je voyais. J'avais commencé par lui décrire la couleur de son aura qui était très foncée, marron ; je compris rapidement qu'il n'en avait pas pour longtemps. J'ignorais, cependant, le nombre de jours, car l'aura m'indiquait qu'il était très malade, mais elle ne donnait pas la durée de vie qui lui restait. Je continuai à le regarder et m'attardai à sa respiration. C'est à ce moment précis que j'aperçus cette incroyable "pile". Elle se trouvait à l'avant du cœur et du thymus. C'était la première fois que je la voyais. Mon beau-père était-il la seule personne à posséder une telle pile ? Quelle en était donc sa signification ? Quelle était sa fonction ? Surprise, je regardai chacune des personnes présentes et c'est à ce moment que je vis que nous en possédions tous une. C'était fascinant ! Je compris rapidement que celle-ci était uniquement visible sur le plan éthérique. Je devais comprendre !

Plus les années passèrent, plus je m'attardai à cette fameuse pile. Puis, je finis par comprendre. Cette pile énergétique ressemble à une grosse capsule d'environ 2,5 centimètres et est placée à la verticale directement sur le plexus. On dirait vraiment une grosse "pilule" remplie de sang. Au début de notre vie et en très bonne santé, la capsule est entièrement remplie de ce liquide rougeâtre. Puis, les années s'accumulant, elle se vide lentement. En fin de vie, cette capsule semble presque vide et affiche une couleur brunâtre, comme si tout le sang à l'intérieur de celle-ci avait séché.

Cette capsule a cependant une particularité très spéciale; elle peut, tout comme une batterie rechargeable, être remise à neuf. Il en est ainsi lorsque dans la vie nous sommes touchés par différentes maladies. Si nous prenons le temps de nous reposer, elle reviendra presque à la normale et se remplira à nouveau. Par contre, sa capacité de "remplissage" a des limites, tout comme la batterie rechargeable. Avec les années, elle diminuera lentement dépendamment des excès ou du repos que nous nous serons accordé. C'est pourquoi, lorsque nous croisons des personnes très malades, nous voyons clairement que le temps de vie restant diminue. À ce moment-là, la capsule devient très foncée, d'une couleur brunâtre et la partie rougeâtre très amenuisée, se retrouve au bas de celle-ci. Lorsqu'elle est presque totalement brune, nous savons que la mort approche. Il deviendra alors totalement impossible de recharger la pile énergétique.

Toute notre vie nous faisons des efforts pour remplir cette fameuse batterie rechargeable. C'est pourquoi il faut apprendre à se respecter, à connaître nos limites et surtout comprendre que la "recharge" a aussi ses limites. Si vous pensez aux vraies batteries rechargeables, vous vous rendrez compte qu'après l'avoir rechargée de nombreuses fois, il arrivera un moment où il sera impossible de le refaire. Il en est ainsi du corps humain.

En résumé, la pile énergétique est semblable à une pile électrique rechargeable. La pile fournit l'énergie nécessaire pour faire fonctionner notre système. Notre âme est prise dans notre corps car la pile sert d'électroaimant nous retenant dans notre corps comme un électroaimant permet de soulever une grosse pièce de métal lorsque le courant circule. Quand le courant cesse, la pièce de métal n'est plus retenue et elle tombe. De la même façon, quand la pile énergétique cesse de fonctionner, plus rien ne retient l'âme dans le corps et elle peut en sortir librement.

# Le monde végétal et sa hiérarchie

Lorsque arrivait l'été, j'aimais particulièrement passer un moment à la campagne avec mes enfants. J'avais l'impression de retrouver mes racines familiales. Cela me rappelait ma jeunesse et nos superbes vacances d'été à Ste-Eulalie. Mon père affectionnait énormément cet endroit, car ses frères possédaient plusieurs fermes de culture et d'élevage. J'étais toujours fascinée par le fait qu'à Ste-Eulalie, se trouvait un rang prénommé : Martel. Frères et sœurs, nous nous y amusions follement. C'était un monde complètement différent et grandiose pour nous qui habitions la grande ville de Montréal. Nos oncles avaient la gentillesse et la patience de nous faire découvrir ce "nouveau" monde, un monde fascinant de nouvelles expériences. Bien entendu, nous cassions quelques œufs lorsque nous visitions le poulailler de tante Florida, mais jamais elle ne nous a sermonnés. Nous étions quelques fois effrayés par la grandeur et la grosseur des animaux de la ferme, mais nos yeux n'étaient pas assez grands pour tout voir et comprendre tout ce qui s'y passait.

Mon cousin Louis qui habitait toujours Ste-Eulalie, me demanda si je pouvais lui donner un coup de main. Je m'y étais présentée l'année précédente avec des amis afin de planter une centaine d'arbres qui allaient servir de "brise-vent" pour les cultures. Je fis donc appel à ces mêmes amis et ils acceptèrent volontiers de me rejoindre à la ferme. C'est pourquoi, lorsque nous fûmes arrivés, différentes tâches furent attribuées à chacun de nous. Je choisis le désherbage !

L'herbe haute ou mauvaises herbes avaient pris le dessus sur tout ce que nous avions planté l'été précédent. Les beaux petits arbres étouffaient complètement et il était impossible de les apercevoir. Heureusement, j'avais participé à la plantation. J'allais maintenant les libérer, car j'avais une bonne idée de l'endroit où ils se trouvaient. Ils longeaient le champ et se distançaient d'un mètre, les uns des autres. Je choisis d'utiliser un coupe-bordure au gaz afin de bien les contourner. C'était très bruyant, mais je mis des bouchons dans les oreilles afin de ne pas être étourdie par ce bruit incessant. Je commençai par couper l'herbe haute de plus d'un mètre au début du rang et m'avançai lentement. Je devais absolument contourner chacun de ces petits arbres afin qu'ils puissent enfin respirer.

Malheureusement, l'herbe était si haute et dense que j'éprouvais beaucoup de difficulté à reconnaître l'emplacement exact de chacun de ces petits arbres. Je me souvenais que ces arbres avaient été minutieusement choisis, différentes espèces, différentes propriétés suggérées par un agronome qualifié. Lorsque j'arrivai au premier arbre, je me rendis compte que je l'avais étêté! Celui-ci mesurait à peine 40 centimètres et je venais de le raser d'un bon 15 centimètres. Attristée, je doublai d'attention et continuai mon travail. Je ferais de mon mieux pour contourner le deuxième. Lentement, mais sûrement, je continuai d'enlever l'herbe haute qui montait jusqu'à ma taille. Je mesurai et pensai que je devais bientôt arriver au 2e qui se trouvait 1 mètre plus loin. Malheureusement, j'étêtai le deuxième également. "Non" pensai-je "pas un deuxième." Il y en avait une bonne centaine de plantés et si je continuais ainsi, j'allais les abîmer tous! Je redoublai d'ardeur et me rendis à l'endroit où se trouvait le troisième. Encore une fois, je rasai le faîte de ce dernier. J'étais si déçue que je criai à tue-tête: "Faîtes vous entendre sinon vous serez tous rasés!" J'ignore pourquoi je leur demandai de se faire entendre, mais je devais trouver une solution; j'étais déçue et découragée! Je pensai même qu'il serait préférable que cette tâche soit confiée à une personne plus expérimentée que moi, mais je décidai de faire une dernière tentative avant d'abandonner.

Je me dirigeai donc vers le quatrième. Lorsque je fus rendue tout près, j'entendis une note, comme une note de musique. Je sais bien que le son raisonna en moi, mais j'étais si surprise que je demandai au son de se faire entendre tant que je ne l'aurais pas entièrement contourné. Aussi incroyable que cela puisse paraître, je coupai la mauvaise herbe entourant le quatrième arbre et cette fois-ci, ce fut avec grand succès. Le quatrième se trouva entièrement libéré, et heureusement, sans écorchure. J'étais renversée, tellement heureuse! Alors, je continuai et me dirigeai vers le 5e, une autre belle note se fit entendre. Lorsque le son résonna fortement, j'arrondis la tonte et découvris ce dernier. C'était fascinant! Je continuai ainsi tout l'avant-midi. À ma grande surprise, aucun autre arbre ne fut étêté. J'étais ébahie! Je n'y comprenais absolument rien, mais cela fonctionnait.

Nous avions convenu de nous retrouver tous ensemble vers 13h00 pour le dîner. J'arrêtai donc le coupe-bordure et retirai les bouchons de mes oreilles. Je marchais en direction de la maison lorsque, soudain, j'entendis de nouveaux sons. À ma grande surprise, j'entendais la nature, oui, la nature! Je me demandais bien d'où provenaient ces différentes notes de musique. Comme je devais traverser un grand champ de cultures où de gros arbres matures s'y trouvaient également, je réalisai que lorsque je m'approchais de l'érable, celui-ci émettait un son plus grave que celui du bouleau, puis lorsque j'arrivai près des pommiers, ceux-ci émettaient un son encore plus important, une note plus forte et plus grave que celle de l'érable. J'entendais des sons graves, d'autres aigus. Lorsque je passai près du champ de cultures maraîchères, les sons étaient plus aigus et moins stridents. C'était fascinant, je n'en revenais pas, la nature émettait des sons; je constatais également qu'en plus d'être bien vivante, la nature était HIÉRARCHISÉE!

Jamais, je n'aurais pensé que cela puisse exister. Je devais comprendre son fonctionnement. Je revins donc sur mes pas afin de comprendre. J'entendis à nouveau le son grave du pommier et retournai vers le bouleau. Ce dernier émettait un son beaucoup moins grave. Je saisis rapidement que lorsque l'arbre porte des fruits, il se situe plus haut dans la hiérarchie de la nature. Rien à voir avec la grosseur ou la hauteur de l'arbre. L'arbre fruitier contribue à nourrir l'homme, il est donc plus évolué. Les arbres émettent donc différents sons graves, dépendamment du niveau où ils se situent. Puis, je me dirigeai vers le potager; les sons étaient plus aigus et beaucoup moins perçants. Même si ces légumes servaient de nourriture à l'homme, ils se trouvaient plus bas dans l'échelle de la hiérarchie. J'étais fascinée par cette découverte!

Je décidai de pousser plus loin ma recherche. Je marchai jusqu'au bout des champs où se trouvaient une partie de terre non défrichée. Là, j'y trouverais différentes variétés d'arbres, des feuillus et des conifères. Arrivée à cette mini forêt, j'eus l'impression d'entrer dans un studio de musique. Oui, je sais, cela semble bizarre, mais tous ces arbres émettaient des sons différents. Vous imaginez un seul instant que tout ce qui pousse dans la nature émet un son distinct, du plus petit brin d'herbe à peine audible à cet immense chêne tonitruant, chacun se fait entendre. Eux aussi sont interreliés, ils communiquent entre eux. Les humains ne sont donc pas les seuls à pouvoir communiquer. La nature le fait également. Tant de questions et d'émerveillement! Malgré tous ces sons, je désirais en connaître davantage. Je touchai, observai avec une grande admiration cette superbe nature autour de moi. Puis, je constatai que l'immense chêne qui se trouvait en plein centre de cette mini forêt régnait en maître. Oui, cela peut sembler bien farfelu, mais un très jeune chêne semblait être protégé par celui-ci. Ce jeunot avait besoin de lumière pour grandir, mais il en recevait très peu étant donné l'immensité du grand chêne. Il était évident que le maître collaborait à sa croissance, partageant une partie de sa sève afin qu'il grandisse!

Je m'approchai davantage du "maître", m'appuyai sur lui et mis mes bras pour l'encercler; impossible, son tronc était beaucoup trop gros pour que je puisse en faire toute la circonférence. Plus fascinant encore, je sentis une connexion. Je sentis sa force et sa grande vulnérabilité. Bien sûr, cela me sembla impossible, au début, mais je demeurai appuyée à ce gigantesque chêne et réalisai que cette mini forêt dépendait entièrement de l'humain. Était-ce possible qu'elle s'inquiète d'être complètement abattue, coupée par l'homme et cela sans aucune considération? La réponse est OUI. Pourquoi coupons-nous les arbres sans discernement? La forêt accepte de servir et d'être utile à l'homme, alors pourquoi ne pas la protéger et prendre uniquement ce que nous avons besoin pour notre survie?

Abasourdie par ma superbe découverte et les innombrables sons que j'entendais, je décidai d'aller voir Bruno, cet homme si sage qui s'occupait de la serre où soigneusement et méticuleusement, je l'avais vu travailler, sarclant, arrosant les superbes plans de tomates qui y poussaient. Lorsque je le vis, mon unique question fut : "Est-ce que tu entends la nature et tous ses sons ?" Il posa son regard sur moi avec tant de sollicitude et de plénitude, un léger hochement de la tête et un sourire, "Oui" Un simple oui, tout semblait si compréhensible et naturel pour lui. J'étais excitée et émerveillée comme une enfant et lui, demeurait très calme, comme un père qui avait compris depuis bien longtemps. Nul besoin de longues discussions ; cet homme passionné et respectueux de la nature était lié à elle depuis des lunes. Il la comprenait et la travaillait avec grand soin et respect, tel un protecteur.

Je rejoignis mes amis et les informai de mes découvertes. À part Bruno, aucun n'avait entendu ces fameux sons de la nature. J'eus droit à quelques moqueries, mais cela n'avait aucune importance. J'avais senti ce superbe lien qui nous reliait tous. Nous avions besoin de la nature et la nature avait besoin de nous.

Fort heureusement pour moi, cette journée intense et "bruyante" se termina lorsque je me couchai le soir. À mon réveil, le lendemain matin, tout redevint normal. Il m'aurait été impossible de supporter tous ces sons continuellement. À quelques reprises, je les réentendis, mais cela ne dura que de courtes périodes. Je sais maintenant que tout ce qui vit est interrelié et encore une fois, j'ajoute, nous faisons tous partie de cette grande chaîne de la Vie.

# L'ultime cadeau

## La guérison

En décembre 2011, j'étais affublée de problèmes respiratoires graves. J'avais peine à monter les escaliers. Dès que je descendais au sous-sol pour aller à la salle de lavage, je devais m'arrêter à chacune des marches pour les remonter. J'étais tellement essoufflée que revenir du sous-sol me prenait un temps fou. Je finis par demander à René de s'occuper du lavage. Puis, à ces problèmes respiratoires, s'ajoutèrent des douleurs thoraciques et des engourdissements au bras gauche. J'étais de plus en plus inquiète, mais René me surveillait de près et il me demanda d'aller consulter le médecin. Bien entendu, je refusai, prétextant que cela finirait par passer. Mais, il n'en était rien !

Le mardi, 20 décembre 2011, les douleurs ne me lâchaient plus ; elles étaient plus fortes et persistantes. C'est alors que René insista pour que l'on se rende à l'Urgence de l'hôpital le plus proche. Je refusai car je savais très bien que nous risquions d'attendre un temps indéterminé et je m'en sentais incapable. Je n'en avais tout simplement pas la force ! J'acceptai cependant de me rendre au CLSC et dès que j'expliquai mes problèmes à l'infirmière au triage, celle-ci me fit passer "subito presto" et je rencontrai le médecin de service immédiatement. Celui-ci m'ausculta et me dit que je devais me rendre à l'hôpital, le plus rapidement possible. Je l'entendis dire à l'infirmière qu'il s'agissait fort probablement d'un problème causé par une valve du cœur. Inquiète, je voulus me lever afin de quitter pour me rendre à l'hôpital, mais celui-ci m'ordonna de demeurer couchée, car je serais transportée d'urgence en ambulance. Cela devenait de plus en plus sérieux ! J'avais peur, mais j'allais être prise en charge rapidement.

Placée aux soins intensifs de l'urgence, je rencontrai la D^re Roy, celle qui devint ma cardiologue attitrée. Je demeurai sous haute surveillance pendant plus de 2 jours. J'y passai différents examens dont une radiographie thoracique. Ma pression artérielle se stabilisa et le médecin ne craignant plus pour l'infarctus, signa mon congé. Cependant, elle ordonna que je passe une batterie de tests. Elle était maintenant convaincue que je souffrais de valvulopathie (dysfonctionnement de la ou des valves cardiaques). Ces tests allaient déterminer le traitement approprié. Elle m'informa de 2 traitements possibles : la médication ou l'opération (valvuloplastie). Tout dépendrait de la gravité du problème. Parmi les nombreux tests, je dus faire le tapis roulant avant et après effort, le tapis roulant avec coloration des veines, 2 scanners ou IRM parce que j'avais échoué le premier, un EGG qui allait fournir d'importantes informations sur mon rythme cardiaque et la taille de mon cœur. Tous ces tests confirmaient, de plus en plus, que ce serait la valvuloplastie. Il ne me restait que l'échographie. Ce dernier test allait fournir des images détaillées des mouvements des valves cardiaques et déterminerait le traitement approprié. Cet examen avait été cédulé le 14 février à 13h30. Par la suite, je devais rencontrer ma cardiologue, la D^re Roy, à 16h00. Le diagnostic final me serait enfin donné, tel un couperet au-dessus de la tête.

Bizarrement, cela tombait la journée de la St-Valentin. Nous avions l'habitude, René et moi, de fêter ensemble cette belle journée des amoureux, mais cette journée-là il n'y avait plus rien de joyeux ; j'étais si inquiète, si terrorisée par toutes les éventualités, que j'avais peine à me déplacer. Je me sentais condamnée sans possibilité de recours ! Tout doucement, René me dit : "Diane, tu devrais préparer ta valise", "ma valise ? quelle valise ?" Il ajouta : "Tu sais bien que ton état est sérieux. Ils vont certainement te garder à l'hôpital afin de t'opérer rapidement." J'étais assommée ! Bien sûr, il avait constaté toute la difficulté que j'éprouvais à me déplacer et tous les pas que je tentais de m'éviter. C'est fascinant comme on devient ingénieux dans de telles circonstances. Pourtant, rien ne lui avait échappé. Encore une fois, je m'objectai et continuai à m'affairer pour ne point poursuivre la discussion.

Puis, au moment où je m'y attendais le moins, je sentis le bout d'un doigt pointer fortement mon épaule droite, je crus que René insistait et qu'il me pointait l'épaule. Cependant, en même temps qu'on me pointait, une note de musique retentit; j'entendis très clairement une note de musique, un long son, c'était un SI (en clé de sol). Étonnée, je me retournai et c'est là que j'aperçus cette incroyable Lumière. Une immense forme argentée, très brillante, semblait illuminer toute la pièce. De plus, il y avait une incroyable teinte de bleu en son centre. Elle était énorme et sa lumière m'irradiait totalement. Un immense rayon partait de cet Être et se dirigeait directement vers moi et touchait mon plexus. Son Amour me remplissait tout entière. Sa lumière et sa douce chaleur m'entourait complètement. Je me sentais "enlacée", étreinte par cette superbe Énergie. Quel bien-être! Je me sentais si bien en sa présence. De cet Être émanait tant d'Amour, de compassion et de chaleur qu'il m'était impossible de le quitter des yeux. Il était si beau! Je pensai même que cela annonçait ma fin!

Mais, cet Être de Lumière me parla et plus touchant encore, je reconnus la voix de mon père. C'était vraiment incroyable, je reconnaissais la voix de mon père. Pourtant, il était décédé depuis plus de 30 ans. C'était bel et bien sa belle voix douce. J'avais l'impression qu'il murmurait à mon oreille. J'étais estomaquée, complètement bouleversée! Il n'avait pourtant rien de mon père, mais qu'importe, il était si rassurant et réconfortant! René m'entendit dire: "Papa, est-ce toi papa?" et il me demanda à qui je parlais. Je lui répondis: "Ne vois-tu pas l'Être de Lumière?" Malheureusement, il ne voyait rien, mais il était le témoin de ce que je vivais. Puis, l'Être de Lumière ajouta: "Ne t'en fais pas Diane. Surtout, ne t'inquiète pas, tu te sentiras comme une jeune fille de 23 ans." En même temps qu'il me parlait, je le voyais tenir dans ce qui semblaient être d'énormes mains un cœur qui bat. J'apercevais clairement 2 superbes valves argentées, très scintillantes, en forme de spirales, placées sur ce cœur. Puis, je sentis une incroyable chaleur au creux de l'estomac comme s'il réchauffait mon cœur. Ses paroles me réconfortèrent totalement. Je le remerciai du plus profond de mon être et m'en remis tout simplement à ce qui devait être ou arriver. Puis, il commença à "s'effacer" et tout doucement, il disparut.

René, estomaqué, me demanda de lui raconter tout ce que je venais de vivre. Ce fut une joie pour moi de lui parler de l'Être de Lumière. Je n'étais plus inquiète ; je dis à René : "l'opération sera une entière réussite. Je n'ai plus à m'en faire, je le sais maintenant."

Par la suite, nous partîmes, tous les deux pour mon rendez-vous de 13h30. Je fus reçue par un autre cardiologue qui allait me faire passer l'échographie. Je le vis calculer, mesurer et cela pendant qu'il m'obligeait à pédaler et que j'étais branchée à de nombreuses électrodes. Malgré le fait que je lui ai demandé à maintes reprises comment mon cœur se comportait, il refusa de répondre à toutes mes questions prétextant que ma cardiologue, la D^re Roy, répondrait elle-même à toutes mes interrogations. Nerveuse, mais confiante, j'arrivai plus tôt que prévu à mon rendez-vous chez ma cardiologue.

J'attendis plus d'une heure, car j'étais sa dernière patiente. La salle d'attente était complètement bondée, car 3 cardiologues partageaient les différents bureaux dans cet édifice. Ma nervosité augmentait, car la majorité des patients dans la salle d'attente semblaient plutôt mal en point et je faisais partie de ces patients. Puis, mon tour vint enfin. J'entendis la secrétaire annoncer mon nom : Madame Martel ! Je me levai et me dirigeai directement vers le bureau du D^re Roy. Elle était debout derrière son bureau, scrutant son ordinateur, sur lequel les résultats de mon échographie lui avaient été envoyés rapidement. Je demeurais stoïque et incapable de dire un seul mot, puis elle leva la tête vers moi et je lui demandai si je pouvais m'asseoir. Elle acquiesça de la tête.

J'étais si nerveuse, je préférais être assise pour entendre le diagnostic. Puis, elle me regarda brusquement et surprise, elle s'exclama : "Je n'y comprends rien." "Pardon ?" lui dis-je. Elle ajouta "Non, je ne comprends pas ce qui s'est passé." J'étais de plus en plus inquiète, mais elle dit tout simplement : "Il n'y a plus rien, non plus rien." Abasourdie, je lui demandai : "Que voulez-vous dire par "Plus rien ?" Elle répondit simplement : "Il n'y a plus rien. Tous vos examens semblaient démontrer une valvulopathie importante, cependant l'échographie démontre clairement que votre cœur est en parfaite santé. Tout semble normal!!" J'éclatai en sanglots. Impossible de contenir mes larmes et je pleurai ainsi pendant un long moment. Je n'en revenais tout simplement pas! C'était incroyable, j'étais complètement guérie!

Je me rappelai ma superbe rencontre, le matin même, avec l'Être de Lumière. Je le remerciai à nouveau et me dis que plus rien n'était impossible lorsqu'on a foi en Eux. Je le savais mieux que quiconque maintenant, j'avais eu une chance inestimable. Je bénéficiais d'une guérison complète des valves cardiaques. N'est-ce pas merveilleux!!!

# Le Passeur et son rôle

La première grande destination pour une personne qui décède est la LUMIÈRE ! Le passeur agit habituellement sur 2 plans : le terrestre et l'invisible, après le décès.

Le rôle du passeur d'âmes consiste à faire passer l'entité directement à la Lumière. Il a la capacité d'aider une personne mourante à joindre celle-ci, le plus rapidement possible. De plus, s'il possède la faculté de communiquer avec les défunts, il pourra également guider le défunt à quitter notre plan terrestre. Il l'encouragera et lui montrera la route le conduisant vers la Lumière. Pourquoi demeurer près du plan terrestre ou attendre sur des paliers ? Ne serait-il pas plus intéressant d'aller directement à la Lumière ?

Nul besoin d'être médium pour aider un être cher à se rendre à la Lumière. Il suffit d'en être conscient.

J'ai tellement entendu de phrases du style : "Priez pour vos défunts". Pourquoi ne m'ont-ils pas simplement dit de leur envoyer tout mon amour et de leur faire comprendre qu'ils devaient se rendre directement à la Lumière ? Quelle que soit la religion pratiquée, je crois que tous ceux qui nous ont demandé de réciter des prières "toutes faites" ignoraient la meilleure façon de procéder pour aider les défunts.

J'ai découvert que j'étais un passeur, par hasard. La toute première fois, c'était quelques jours avant le décès de ma grand-maman Eva. Elle avait très peur de mourir. Il m'était dorénavant impossible d'entrer en contact avec elle ; pourtant elle avait été une superbe communicatrice. Quelle force de la nature! Hospitalisée depuis plusieurs mois, j'avais à maintes reprises discuté avec elle mais, ce soir-là, elle semblait être sous l'effet des médicaments et je réalisai qu'elle s'éteignait tout doucement. Tous ses enfants et plusieurs petits-enfants étaient à son chevet. Une douce musique résonnait tout près d'elle, mais comme la communication avec elle semblait impossible, les frères et sœurs se mirent à discuter entre eux. Ils étaient convaincus qu'elle était inconsciente.

Afin de ne pas attirer l'attention, je me plaçai à la gauche du lit et pris sa main. Elle était si légère maintenant! Puis, je m'adressai à elle en pensée (télépathie). Je lui dis: "Grand-maman, si tu m'entends et que tu es capable, je te demande de presser ma main." J'attendis. Je sentis une très légère pression. Comme je voulais m'assurer que je n'avais rien imaginé ou que cela n'était pas dû à un simple réflexe du corps, je refis ma demande une seconde fois. À ma grande surprise, je sentis une deuxième pression. Je n'en revenais pas. C'est à ce moment-là que je compris que l'on pouvait communiquer par la pensée. Elle m'entendait et communiquait avec moi. J'étais si heureuse. Alors je lui dis: "Grand-maman, je sais que tu as peur. Ne t'inquiète pas, je suis là. Si tu acceptes mon aide, je pourrai te guider, je connais une partie de la route que tu dois emprunter. Tu n'as qu'à me faire savoir quand ce sera LE moment et je t'accompagnerai. Tu comprends n'est-ce pas?" Elle serra ma main une troisième fois, c'était une toute petite pression, mais je savais qu'elle comprenait. J'étais comblée. Je me sentais utile et heureuse de pouvoir la soutenir dans ce grand moment. Ce soir-là, j'en profitai pour lui témoigner toute mon affection et mon amour. Je la remerciai de sa présence dans ma vie et l'embrassai avant de la quitter. Je savais que nous allions bientôt nous retrouver.

J'étais bien jeune à cette époque. De plus, j'ignorais que des défunts venaient les préparer et les accompagner, alors je ne portais aucune attention à l'invisible!

Le lendemain soir, alors que j'étais à la maison, Isabelle et moi discutions lorsque soudain je sentis une présence très forte auprès de moi. Je regardai Isabelle et lui dit: "Isa, grand-maman est là, elle a besoin de nous." Nous avons allumé une chandelle et nous nous sommes placées dans un état méditatif afin d'entrer en contact avec elle. Le moment du départ était arrivé. Je gardai les yeux fermés, puis je l'aperçus clairement. Elle était là ! Je me mis donc à lui parler et lui dis : "Tiens ma main grand-maman, nous allons faire un bout de chemin ensemble." Elle accepta et ce que je découvris me remplit de bonheur. Nous nous trouvions sur une route de campagne marchant toutes les deux, main dans la main. Cette route lui semblait familière. Elle paraissait plus jeune et très heureuse. Sur le bord de la route, à ma droite, il y avait une clôture en vieux bois délavé qui séparait un immense champ verdoyant. Plus loin, une autre clôture bordait la fin du champ. Dépassé cette dernière clôture, j'aperçus un groupe de personnes que ma grand-mère semblaient bien connaître, car lorsqu'elle les aperçut, elle devint tout excitée, telle une petite fille. Puis, elle tira ma main, me demandant de la suivre. Je la regardai et lui dit : "Grand-maman, je n'ai pas le droit de traverser. Vas-y, tu les connais bien, ils t'attendent." Puis, me remerciant, elle s'en alla en courant, telle une petite fille, enjambant la clôture d'un bond. Je la fixais du regard et lui demandai de me saluer une dernière fois. Elle se retourna, un large sourire illuminait tout son visage et elle me salua de la main. Elle continua sa course, puis sauta par-dessus la deuxième clôture. Je la vis se jeter dans les bras des personnes qui l'attendaient. Ils étaient tous vêtus de blanc. Grand-maman semblait jubiler de bonheur ; elle venait de retrouver les siens. Mon travail était terminé. Nous ouvrîmes les yeux et Isabelle me dit : "Il est minuit maman." Le lendemain matin, ma mère m'annonça la mort de sa mère Eva, elle me dit qu'elle était décédée à minuit précisément.

Un merveilleux sentiment de devoir accompli m'envahit complètement ; je réalisais que je pouvais enfin aider des personnes malades, souffrantes et sur le point de mourir. Je pourrais ainsi les soulager et les aider à traverser de l'autre côté en diminuant considérablement leur peur de l'inconnu.

Dès que je le pouvais, je rendais visite à une personne mourante afin de lui offrir mon aide. Les années qui suivirent furent ponctuées de nombreux épisodes où j'intervins auprès de malades agonisants.

À chaque fois, je ressentais ce merveilleux sentiment de devoir accompli. Puis, un jour, une expérience incroyable de même type me renversa complètement.

Isabelle, ma fille, se trouvait chez-moi pour fêter le Nouvel An, lorsqu'elle fut atteinte de violentes douleurs abdominales. Elle dut être hospitalisée d'urgence. Le corps médical diagnostiqua un problème majeur avec sa vésicule biliaire. De plus, elle risquait la péritonite. Son état était grave et on la plaça sous antibiotiques et morphine afin de diminuer l'inflammation avant de l'opérer. Cela prit quelques jours avant de sortir des soins intensifs, puis la journée précédant son opération, Isabelle fut placée dans une chambre où 3 autres personnes, également très malades, attendaient des soins particuliers.

La veille de son opération, j'étais à son chevet lorsque j'aperçus son voisin de droite. Il avait subi une opération cardiaque majeure et semblait en bien mauvaise posture. Je dis à Isabelle : "Je crois que ton voisin est sur le point de mourir." Surprise, elle ajouta : "Je sais qu'il souffre beaucoup, mais je lui ai parlé aujourd'hui. Il devrait aller mieux." J'étais convaincue qu'il ne passerait pas la nuit. Je me retournai donc pour voir s'il avait des visiteurs et j'aperçus 4 personnes. J'attendis, puis j'aperçus deux de ces personnes quittant le chevet de leur père. À nouveau, je me retournai vers les 2 personnes restantes et leur dis : "Je crois que votre père ne passera pas la nuit. Puis-je vous aider ?" Surpris Louise et Claude m'annoncèrent que leur père était complètement inconscient, sans compter qu'il était athée. Il ne croyait en rien ! Je leur demandai la permission d'intervenir. Je leur dis que j'allais voir s'il me comprenait. Ils acceptèrent tous les deux.

Je me dirigeai vers lui à sa droite et lui pris la main. Tout comme je l'avais fait avec ma grand-mère, je m'adressai à lui par la pensée. Je me présentai et lui annonçai qu'il n'était pas seul. Une femme se trouvait à sa gauche et souhaitait également l'aider. Celle-ci appartenait au monde des défunts. Il me répondit : "Je ne vois rien." Puis j'annonçai à Louise et Claude que leur père ne voyait rien du plan invisible. Cela n'avait certainement aucune importance, du moins à ce moment bien précis. Je leur décrivis cette personne et tous deux éclatèrent de rire. Louise ajouta : "Cela ressemble étrangement à la description de sa sœur. Si vous m'aviez décrit une autre femme, c'est-à-dire ma mère, nous ne vous aurions pas cru !" Elle ajouta : "Il s'est toujours bien entendu avec sa sœur, mais elle est décédée depuis quelques années." Alors, je leur annonçai qu'elle se trouvait à son chevet pour l'aider à traverser. J'ajoutai : "Puis-je lui demander ce qui le retient auprès de nous ?" Ils acceptèrent.

Je tenais toujours la main de Denis (père) et lui demandai s'il souhaitait dire quelque chose à ses enfants. Je sentis alors un énorme sentiment de culpabilité l'envahir. Il ajouta : "Je n'ai pas été un bon père ; il est trop tard. J'aimerais tellement leur demander pardon." Je me tournai vers Louise et Claude et leur transmis les paroles exactes que leur père venait de prononcer. Ils furent si surpris et ajoutèrent : "Nous avions une mère très méchante, une vraie marâtre. Elle nous insultait, nous frappait, mais jamais notre père n'est intervenu. Nous aurions tant souhaité qu'il nous aide, mais jamais, non jamais, il ne l'a fait. Nous avions tellement besoin de lui." Je les regardai et ajoutai : "Il est encore temps de faire la paix et de lui pardonner ; il a tellement de regrets de ne pas vous avoir soutenus. Il a besoin de votre pardon pour se sentir en paix." Ils me répondirent : "Mais comment pouvons-nous lui parler ? Nous sommes incapables d'entendre et de communiquer avec lui comme vous le faites." Je répondis : "Cela n'a aucune importance, placez-vous chacun auprès de lui. Serrez-lui la main et dites-lui, en communiquant par la pensée, tout ce que vous ressentez et surtout, si vous le pouvez, pardonnez-lui." Ils acceptèrent tous les deux et se placèrent des deux côtés du lit. Chacun tenait une des mains de leur père agonisant. Je les laissai et retournai auprès d'Isabelle.

Une demi-heure plus tard, je sentis que le temps du départ était arrivé. Je retournai auprès d'eux. Je me plaçai au pied du lit. Je voyais bien qu'ils s'étaient pardonnés. Des larmes coulaient sur le visage de Louise et Claude. Un profond sentiment de paix envahissait toute la pièce. Puis, soudain, j'aperçus Denis qui faisait sa sortie. J'ajoutai : "Votre père est sur le point de nous quitter. Tout est bleu au-dessus de sa tête, cela ressemble à un immense nuage bleu et celui-ci l'entoure complètement." Puis, il sortit doucement et se retrouva au-dessus de lui-même. Il arborait un large sourire. Il venait de retrouver sa sœur qu'il affectionnait particulièrement et j'entendis un très beau "Merci". Il venait de quitter son corps si souffrant. Il rayonnait de bonheur et un sentiment de paix et de sérénité nous enveloppa complètement. Tout était devenu calme et serein dans la chambre. Denis semblait dormir paisiblement, il était décédé!

Louise et Claude venaient de retrouver la paix, ils rayonnaient de bonheur. Jamais, je n'oublierai cette rencontre. Elle m'a permis de comprendre qu'il n'était jamais trop tard pour se parler et se pardonner. Même si vous pensez que la personne sur le point de décéder n'est pas consciente, prenez le temps de lui parler et sachez que celle-ci pourrait très bien vous entendre. Attention à vos paroles et aux échanges lorsque vous êtes près d'un mourant; il a davantage besoin d'encouragement, d'amour et de pardon afin de bien traverser de l'autre côté.

Il existe également une autre façon d'agir comme passeur. Aider les personnes qui viennent de mourir à se rendre directement, ou le plus rapidement possible, à la Lumière.

Malheureusement, nous ne nous dirigeons pas tous directement à la Lumière car, comme je l'ai déjà expliqué précédemment, certains préfèrent demeurer auprès de nous. Ils sont encore attachés à nous, leurs enfants, leurs parents ou même à leurs biens terrestres.

Certains aiment bien observer ce qui se passe après leur décès, désirant même être présents à leurs obsèques. Curiosité ou attachement? Aucune importance, après tout, ils se sentent toujours aussi vivants! Il se peut que votre propre peine les atteigne profondément et qu'ils préfèrent demeurer à vos côtés afin de vous encourager ou de vous soulager. Il est coutume de demander leur aide, car nous avons trop de difficulté à accepter leur absence! Quelle que soit la raison, ils demeurent près de nous ou tout près de la Terre. Vous aurez certainement besoin d'une certaine période d'adaptation pour faire votre deuil, mais dès que vous le pourrez, aidez-les!

S'ils demeurent près de nous, c'est qu'ils ressentent notre peine et qu'ils en souffrent également.

La meilleure façon d'agir est de leur parler comme s'ils étaient tout près de vous car, croyez-moi, c'est souvent là qu'ils se trouvent. Parlez-leur comme si vous engagiez une conversation avec eux. Faites-leur sentir que vous les aimez et demandez-leur d'aller rejoindre la Lumière le plus rapidement possible. Il se peut qu'ils ne comprennent pas, car ils ne l'ont probablement encore jamais vue. Mais parlez-leur, un peu comme si vous vous adressiez à eux de leur vivant. Dites-leur que vous allez mieux et qu'il est temps pour eux de continuer leur chemin. Informez-les qu'ils auront de l'aide de guides prêts à les faire passer. Dites-leur surtout, que vous arriverez à vous débrouiller sans eux et faites-leur ressentir tout l'Amour que vous éprouvez pour eux. Ajoutez que, lorsqu'ils auront passé cette incroyable et superbe Lumière, ils seront beaucoup plus puissants et qu'ils auront tout le loisir et beaucoup plus de capacités pour vous aider. Imaginez simplement que vous parlez à votre enfant, l'encourageant parce qu'il se rend à l'école pour la première fois. Vous trouveriez certainement les bons mots qui l'inciteraient à vous quitter pour se rendre en classe. Faites de même pour une personne décédée que vous aimez; elle acceptera de partir et de suivre sa nouvelle destination.

Le Passeur a un rôle fort intéressant dans l'avancement de l'entité vers la Lumière. Il informera l'entité de la route à faire et surtout lui fera comprendre qu'il doit tout laisser derrière lui. Il doit pardonner et faire confiance à ceux qu'il a laissés sur la Terre. Le Passeur lui enverra énormément d'amour et cet amour lui permettra d'aller de l'avant afin de joindre des endroits encore plus merveilleux. Il le rassurera et le guidera vers la Lumière.

# Les Mémoires Akashiques

Il y a de nombreuses années, suite à mon décès, j'ai découvert que j'avais accès aux "Mémoires Akashiques". Je me souviens avoir visité un superbe et immense endroit dans le Cosmos. Ce dernier ressemblait à une gigantesque bibliothèque. Je compris plus tard que cette bibliothèque me donnait accès aux 'Mémoires Akashiques'. Certains les appellent "Annales Akashiques" ou même "Le Livre de la Vie".

Dans cette bibliothèque, je découvrais une quantité innombrable de livres. Je ne comprenais pas encore pourquoi j'avais accès à ce lieu, mais je me souviens très bien avoir pris un très ancien volume écrit en lettres dorées et que celui-ci se rattachait à ma propre vie. Je découvris également que tout ce qui y était consigné pouvait même influencer ma vie de tous les jours et cela à tous les niveaux. J'avais pris ce livre et l'avait lu. Tout se faisait machinalement, je n'avais aucune page à tourner, elles se tournaient automatiquement dès que j'en avais terminé la lecture. Mais que contenait-il donc, ce Livre de la Vie ? Absolument tout, tout ce que j'avais fait, toutes mes actions, toutes mes mésaventures, toutes mes réussites, absolument tout, depuis le début de ma création et de ma première incarnation sur Terre. Tout, oui, tout y était consigné. Il en est ainsi pour toutes les personnes de notre planète. Toutes vos pensées, vos états d'âme, vos actions, le bien, le mal, tout, tout ce que vous avez fait y est inscrit.

Je me rendis à cette bibliothèque à plusieurs reprises. À chacune de mes visites, je croisais d'autres entités qui s'affairaient également à la lecture de leur " Livre de la Vie". Certains étaient accompagnés d'un guide les aidant à comprendre la lecture de leurs différentes vies. Je réalisais que la majorité des visiteurs étaient des personnes décédées. Elles semblaient vouloir comprendre ce qu'elles avaient fait de leur "vie" afin de pouvoir mieux s'orienter dans une nouvelle incarnation.

J'étais passionnée par mes différentes visites, mais je n'en comprenais pas encore toute l'importance et l'impact que cela allait apporter dans l'accomplissement de mon 'travail' sur Terre. Toutes mes visites m'apportaient différentes connaissances et j'étais toujours fascinée par mes découvertes. Tout me semblait écrit : le passé, le présent et même l'avenir ; ce dernier cependant dépendait de l'utilisation de mon libre arbitre. Je découvrais un énorme réservoir de connaissances. C'était vraiment incroyable, car cet endroit possédait toutes les découvertes du passé et à venir de l'humanité tout entière.

En ce qui me concerne et malgré mon accès à cet endroit, il m'était impossible de déchiffrer la majorité des connaissances en devenir. Je savais qu'elles étaient consignées, mais j'étais incapable d'en comprendre son fonctionnement. Je ressemblais davantage à une jeune élève de première année du primaire qui constatait l'existence d'informations ou de formules mathématiques appartenant à des professeurs d'université ou même de "savants physiciens". Je savais que c'était inscrit, mais je n'y comprenais absolument rien ! L'important était le décodage de ma vie et de ce que je devais en faire pour pouvoir réaliser ma mission terrestre.

Je compris facilement que le "futur" s'écrit automatiquement et cela suivant les choix que nous faisons. Différentes options s'offrent à nous. Rien n'est statique ou entièrement coulé dans le béton. Cela dépend de la raison de notre venue sur Terre et de la Mission que nous avons décidé d'accomplir. Ce choix se fera après que nous aurons consulté notre Livre de la Vie. Ce dernier nous montrera toutes les vies antérieures et la raison de chacune de nos incarnations. Si j'avais à travailler le pardon dans ma dernière vie et que je suis demeurée rancunière et amère envers la personne qui m'a offensée, il est certain que je devrai revenir pour retravailler cette qualité indispensable à mon évolution spirituelle.

Certains me diront : "Comment savoir si je choisis la bonne direction, le bon travail, la bonne carrière, etc… ?". "Devrais-je être médecin, secrétaire, fermier ou mère au foyer ?" À ces personnes, je réponds : "Où sont vos talents et dans quel domaine sentez-vous que vous serez vraiment utiles ?" Votre intuition est entièrement liée à votre "Guide" qui tente de vous aider et de vous orienter. Si nous nous laissons guider uniquement par l'appât du gain, il est fort probable que nous passions à côté de la mission que nous avons décidé de venir travailler. Si je choisis d'être préposé aux bénéficiaires plutôt que médecin, cela changera-t-il quelque chose ? Non, puisque vous œuvrez dans le même domaine. Il se peut également que vous ayez choisi un rôle secondaire et que la raison de votre incarnation soit un rôle de soutien. Si vous naissez handicapé et totalement dépendant, votre mission est certainement de contribuer à l'évolution de ceux qui vous accompagnent. Il est également évident que vous avez un très gros travail d'acceptation à réaliser.

Rappelons-nous, que nous les humains, sommes tous interreliés puisque nous faisons partie de la même aventure terrestre. Nous sommes uniques et nous ne faisons qu'UN. Lorsque l'on accepte cette unicité, nous comprenons que l'ultime but de notre existence est de réaliser notre plus haut potentiel spirituel. Nous sommes reliés à la Source, notre Créateur, et notre unique raison de s'incarner sur Terre est notre éveil à notre véritable nature spirituelle.

# Les réincarnations

Jusqu'au moment de mon décès, à l'âge de 36 ans, je ne m'étais jamais questionnée sur le fait que nous pouvions revenir sur Terre. Cependant, je n'ai jamais oublié les paroles que l'Être de Lumière a prononcées lorsque je me suis retrouvée auprès de Lui. Il avait bien dit : "Ce n'est pas grave, tu retourneras une autre fois." Ces paroles m'avaient tellement touchée et bouleversée que je l'avais alors supplié de me retourner sur Terre, moi qui ne souhaitais que le suivre. J'étais si heureuse auprès de lui ; pourtant, je redemandais de m'incarner à nouveau, un non-sens quoi !

Plusieurs années plus tard, alors que je m'intéressais davantage à la spiritualité, un événement se produisit, m'informant de la façon dont nous nous incarnions. Je me souviens encore très bien de cet interminable avant-midi ! J'avais passé la nuit chez des amis(es) et lorsque je tentai de me lever le matin, je fus incapable de me soulever du lit. Je me retrouvai catapultée dans différentes incarnations. Je visualisais clairement le film de mes différentes vies. Aucun moyen d'arrêter ce visionnement. Cela dura 3 longues et interminables heures.

Je voyais très clairement que j'avais été une jeune enfant violée et étranglée, une danseuse et favorite d'un grand combattant, un valeureux chevalier du Moyen-Âge, une religieuse désœuvrée, une mère épuisée de 15 enfants, un très bon roi, etc...des dizaines et des dizaines d'incarnations. Dès que j'entrais dans une nouvelle vie, je ressentais et revivais toutes les émotions, les peines et les souffrances qui y étaient rattachées.

Je suppliais le Ciel d'arrêter ce visionnement. "C'est assez!" m'étais-je écrié, "j'ai compris." Il était tout près de midi lorsque cet interminable film s'arrêta enfin! Mes amis n'en revenaient pas. Ils avaient pourtant tenté de m'aider, mais j'étais incapable d'arrêter ce visionnement. Je leur répondais, mais ne pouvais mettre un terme à la diffusion du film de mes vies antérieures.

Cette journée m'a énormément aidée à comprendre pourquoi et comment nous nous réincarnons. Le but ultime des réincarnations est de nous faire évoluer spirituellement. Nous devons toucher à tous les domaines de l'Être humain, développant ainsi les plus belles et plus grandes qualités qu'un Être puisse acquérir. Nous expérimentons des parties sombres, puis grandioses. Nous passons de la pauvreté à la richesse et inversement également. Nous touchons à presque toutes les phases et caractères des humains, tantôt mauvais, tantôt bons.

La seule partie qui semble ordonnée est le temps. C'est-à-dire que les incarnations commencent avec le début du temps terrestre. Elles suivent les différentes époques. L'exemple que je peux vous donner, afin de mieux vous faire comprendre le fonctionnement, est celui d'un étudiant qui doit absolument réussir une quarantaine de matières pour l'obtention de son diplôme universitaire. Inscrit au programme, il pourra choisir entre les Mathématiques et la Philosophie. Pourtant, il n'existe aucune continuité entre ces 2 matières. De la même façon, l'entité choisit une qualité à développer et acceptera l'expérience de vie qui lui permettra d'acquérir cette maîtrise. Vous me direz probablement: "Quel idiot choisirait de mourir étranglé?" Je réponds: "Pourquoi, choisirais-je un cours de Philosophie si cela ne me plaît pas?" La raison est toute simple, ce cours est obligatoire pour l'obtention de mon diplôme. Par contre, lorsque nous faisons ces choix, nous n'éprouvons aucun des sentiments humains reliés à l'acquisition de ces qualités, car nous ne vivons pas sur le plan terrestre, mais céleste.

Plus nous nous incarnons et plus nous comprenons. Cependant, lorsque nous naissons, un voile se pose sur notre vision et nous oublions toutes ces expériences de vie.

Lorsque nous sommes sur le point de nous incarner, nous rejoignons à nouveau notre famille d'Âmes. C'est un peu comme si nous appartenions à une troupe de théâtre. Lors de cette rencontre, nous décidons des principaux rôles à jouer sur le plan terrestre. Les acteurs principaux font habituellement partie de notre famille d'Âmes et la distribution des rôles se fera lors de cette rencontre. Si je choisis de venir travailler le pardon, je choisirai fort probablement un frère ou une sœur qui aura pour mission de naître quelques années plus tôt ou plus tard et qui pourrait me trahir dans cette vie. J'aurai certainement à faire preuve de détachement et de compassion afin d'arriver au pardon. Si l'autre acteur joue parfaitement bien son rôle, je réussirai la mission que je me suis donnée. Puis, le moment venu, nous retournerons tous les 2 à notre famille d'Âmes et regarderons si nous avons bien réussi la tâche ou le rôle que nous avions choisi. Si, par malchance, nous ne l'avions par réussi, alors nous choisirons de ''rejouer" notre pièce de théâtre à un autre moment sur Terre.

Vous comprendrez certainement pourquoi il devient difficile de porter un jugement sur une personne ou un événement. Aujourd'hui, lorsque je considère être insultée ou maltraitée par une personne, je me demande toujours, avant de réagir, ce qui résonne en moi et ce qu'elle me fait travailler. Quelle qualité ai-je à améliorer : la patience, le détachement, la compassion, etc… ? Cela ne veut pas dire que je doive me laisser faire, mais ai-je à me venger ou me battre inutilement ? J'essaie de comprendre l'enseignement.

La réincarnation fascine la majorité des personnes que je rencontre. Rares sont celles qui ne désirent pas connaître le ou les personnages incarnés dans une autre vie. Chacune espère toujours avoir été un personnage marquant de l'aventure terrestre, mais lorsqu'on a vu les nombreuses incarnations comme on me les a montrées, on comprend que cela a bien peu d'importance. Ce qui importe, c'est le moment présent à moins que celui-ci soit encore bouleversé par des événements ou des émotions rattachées à une vie antérieure. Lorsque je le constate, je m'empresse d'informer la consultante afin de l'aider à régler ces tourments du passé. Cela l'aidera à vivre et à comprendre ses réactions et elle pourra s'ajuster afin de réaliser la mission qu'elle s'est donnée dans cette vie.

Lorsque nous aurons enfin terminé nos nombreuses incarnations sur Terre, nous devrions devenir des êtres d'une grande bonté, remplis d'Amour et de compassion pour tout ce qui existe sur la planète et l'Univers. Nous posséderons la grande Sagesse et la compréhension de l'Amour Inconditionnel. Cet Amour Inconditionnel sera définitivement inscrit dans notre ADN.

Nous atteindrons enfin la perfection ultime, celle de notre Créateur.

# Notre Mission

Nous venons tous sur Terre pour accomplir une mission que nous avons choisie préalablement. Nous en avons discuté avec notre famille d'Âmes, mais surtout avec notre guide de Lumière qui nous accompagnera tout le long de notre séjour terrestre.

Lorsqu'une personne vient me consulter à la maison, je regarde toujours les Êtres de l'invisible qui l'accompagnent. La majorité du temps, j'aperçois derrière elle un immense Être de Lumière doré, très brillant et gigantesque. Pour moi, cet Être n'a jamais été incarné sur Terre. Certains diraient que c'est un "Ange protecteur", du moins, certainement un guide qui l'aidera à se souvenir du travail qu'elle a choisi de venir faire sur Terre avant son incarnation. Puis de chaque côté de la personne, je perçois presque toujours 2 autres êtres. Ceux-ci, de par leurs couleurs et leur densité, m'amènent à croire qu'ils ont déjà été incarnés et qu'ils sont là pour l'aider à réaliser des qualités bien spécifiques.

Si une personne me demande quelle orientation ou travail elle devrait choisir dans la vie, je regarde la couleur des deux êtres, légèrement au-dessus de ses épaules et cela m'indique habituellement dans quel domaine se situent ses forces, ex. : bleu et vert, je sais que cette personne possède de grandes capacités d'aide humanitaire ; elle pourrait devenir un médecin, une infirmière, une travailleuse sociale ou même un psychologue, car ses forces lui permettront de réaliser cette mission. Je reconnais ses capacités d'altruisme, d'amour, de dévouement et de communication, car le bleu et le vert sont deux couleurs intimement liées à ces qualités.

Bien entendu, nous avons l'impression d'avoir tout oublié ; c'est pourquoi des entités se tiennent auprès de nous. Si vous êtes attentif, vous aurez l'impression d'être accompagné et cela est juste. Combien de fois avez-vous décidé de changer de route en retournant à la maison et de vous rendre compte que vous avez évité un accident ou tout événement perturbateur ? Combien de fois avez-vous décidé de changer de journée de vol ou d'une date de départ pour prendre un avion ou des vacances ? Pourquoi avez-vous apporté ces changements ? Observez ce que vous faites, vous pourriez bien sentir l'appui dont vous bénéficiez.

René et moi avons décidé de devancer de 2 semaines notre croisière partant de Barcelone vers l'Italie. Nous avons fait un superbe voyage. À notre retour, 2 semaines plus tard, le bateau de croisière que nous aurions pu prendre a été touché par d'énormes vagues croisées en mer. Cet incident a causé des bris importants au bateau et causé des pertes de vie humaine. Nous avons été épargnés. Pourquoi ? Qu'importe, nous avons simplement été guidés et avons fait ce changement de dernière minute. Nul besoin de tout comprendre ; soyons attentifs aux intuitions car elles proviennent régulièrement de nos guides.

De nombreux obstacles se trouvent souvent sur notre parcours. Il peut s'agir d'un accident d'automobile, de la perte d'un être cher ou d'une rencontre fortuite très intéressante. Quel que soit l'événement, celui-ci agit comme une bouée en mer ; sa raison d'être est de nous ramener sur la route de notre destinée.

N'oublions surtout pas que nous possédons un libre arbitre et que toutes les décisions prises peuvent changer ou nous ralentir dans la réalisation de notre mission. Nous demeurons Maîtres de notre destinée, mais si nous réfléchissons avant d'agir, nous profiterons de l'aide de nos guides. Nous devrions ainsi choisir la route qui nous aidera à nous réaliser comme nous l'avions souhaité avant notre venue sur Terre.

# Le libre arbitre

Le libre arbitre me fait penser à un voyage que je planifie à l'avance, mais dans lequel j'aurai à prendre différentes décisions. Avant de m'incarner, alors que j'étais encore avec ma famille d'âmes et après avoir consulté les Annales Akashiques, je choisis une ou des qualités à venir travailler sur Terre. Si mon choix s'est arrêté sur le détachement et l'entraide à autrui, deux qualités que je ne possède pas encore, il est fort probable que je déciderai de faire un voyage humanitaire. Tout le long de ce voyage, je bénéficierai de l'aide de mes guides de l'invisible, que certains appellent "anges gardiens", afin d'atteindre mes buts.

Arrivé sur Terre, je planifierai donc ce voyage d'entraide humanitaire dans un pays en voie de développement. Je prendrai l'avion avec une équipe qui m'accompagnera dans cette mission d'entraide. Sur place, je réaliserai probablement que la mission est beaucoup plus importante et 'épuisante' que je ne le croyais, car j'ai au moins 5 villages à visiter, 5 villages où mon aide est sollicitée. Quelle sera ma réaction? Avec mon groupe, nous déciderons de passer 1 mois dans chacun des villages et cela me conviendra parfaitement. Pendant tout ce mois, je me dévouerai et aiderai mes compagnons; nous travaillerons en parfaite harmonie. Puis, je réaliserai que nous devons quitter afin d'apporter notre aide au 2e village. Je me sentirai complètement déchiré, car je m'étais attaché à des membres de ce village et mon travail dans celui-ci est déjà terminé.

Puis, je passerai au 2e, ce sera toujours la même et difficile séparation lorsque viendra le temps de les quitter. Je vacillerai probablement entre continuer ainsi jusqu'à la fin de mon contrat ou profiter de certaines commodités qui existent dans le pays. J'ai le choix, soit je continue, soit je fais une pause et abandonne ce contrat. Puis, j'apprendrai qu'il y a un très bel endroit sur le bord de la mer où je pourrais passer du bon temps. Vais-je y aller?

Toutes ces questions et l'exemple du voyage humanitaire pour réaliser 2 qualités sur Terre ressemblent parfaitement à l'emploi de mon Libre Arbitre. Le choix m'appartient. Pourtant, lorsque j'étais auprès de ma famille d'âmes, j'ai bien observé les difficultés relatives à l'accomplissement de ma mission. Cependant, je n'avais pas de corps physique et je ne ressentais aucune des émotions reliées à la réalisation de ces qualités. Ce n'est que sur Terre que nous réalisons toute l'ampleur et les difficultés qui sont rattachées à cette mission.

# Quatrième Partie

## L'Amour Inconditionnel

# L'Amour Inconditionnel

Pendant de nombreuses années, j'ai tenté de comprendre et de réaliser l'Amour Inconditionnel. Je n'ai jamais oublié ma rencontre avec l'Être de Lumière, lors de mon décès, à l'âge de 36 ans. Il m'avait enveloppé de tant d'amour, de respect et de sollicitude. Jamais, dans ma vie, je n'avais ressenti une aussi belle et intense sensation de bonheur et de plénitude. Je n'avais jamais éprouvé un aussi grand bien-être! De plus, ses paroles s'étaient gravées en moi à tout jamais. Je désirais absolument les mettre en pratique. Il avait dit: "Tu avais à travailler l'Amour Inconditionnel." J'étais et je suis toujours convaincue que c'est la raison de mon retour sur Terre.

Ma route a été pavée de nombreuses erreurs et incompréhensions. Au tout début, je prenais ces mots textuellement : aimer sans condition et sans rien demander en retour. Si j'avais exigé un quelconque retour à l'amour que je donnais, cela aurait signifié que mon amour était conditionnel, donc l'opposé de ce que je désirais accomplir.

Puis, j'entrai dans une première relation amoureuse qui ne fonctionna pas. Il en fut de même pour la seconde ; toujours centrée sur ma réalisation de l'Amour Inconditionnel. Non, ça n'allait pas ! Je souffrais toujours et l'amoureux finissait par me quitter pensant que je ne l'aimais pas. C'était incompréhensible ! Pourquoi cela ne fonctionnait-il pas ? J'aimais de tout mon cœur et ne demandais rien en retour ; cela aurait dû fonctionner, mais c'était tout le contraire. Pourquoi ? Je n'y comprenais rien, absolument rien. Je tentai également de le réaliser auprès de ma famille, mes enfants, mes amis, etc…toujours le même résultat ! Je me rendais compte qu'on me considérait davantage comme une personne "faible" et incapable d'exiger quoi que ce soit. C'était comme si la gentillesse, la bonté et l'amour devenaient d'excellents moyens d'ambitionner sur moi. Comment arriver à comprendre une personne qui vous donne tout, sans rien demander en retour ? Plus j'essayais et plus je constatais que je devenais rapidement la personne à qui l'on refilait tout, que ce soient les responsabilités, les factures au restaurant, absolument tout. Je devenais rapidement la personne qui n'avait pas le droit de dire NON ; impensable de dire : "Non, je ne suis pas disponible." Tous semblaient trouver naturel d'exiger, que ce soient mes enfants, mes parents et même mes amis. L'Amour Inconditionnel, ou du moins, la compréhension que j'en avais au début, aurait dû m'apporter le bonheur et le bien-être, mais ce n'était pas le cas. Je devais trouver la réelle signification de ces 2 mots. Que voulaient-ils dire ? Comment les appliquer dans ma vie de tous les jours ? Tant d'années à chercher ! Ce long questionnement et mes nombreuses erreurs m'ont finalement amenée à comprendre que cet Amour ne voulait surtout pas dire faire abstraction de ma personne.

Je pensais qu'en donnant sans rien exiger, cela servirait d'exemple et que les personnes que je côtoyais feraient de même. Peut-être souhaitais-je que l'amour ou le respect me soient retournés, mais il n'en était rien. J'avais vraiment l'impression de frapper un mur, un mur d'incompréhension. Nous sommes trop habitués dans notre société d'offrir un service et d'en attendre un autre en retour. Alors, même si vous ne l'exigez pas, la personne avec qui vous tentez d'établir ce lien ne comprend pas. Elle a presque l'impression que vous ne l'aimez pas. Nous sommes victimes de nos propres paradigmes.

Il me manquait quelques éléments importants dans la réalisation de l'Amour Inconditionnel. Si je souffrais, c'est tout simplement que j'avais certaines attentes, sinon, cela ne m'aurait vraiment pas touchée. Puis, je compris finalement que la clé de cette réalisation est le **RESPECT**. Oui, je devais apprendre à me respecter. Même si cela peut sembler paradoxal, je réalisai que si je ne me respectais pas, en tout premier lieu, je n'y arriverais pas.

Que puis-je donner si je ne suis pas remplie moi-même? Comment pourrais-je offrir mon aide à quelqu'un si je suis invalide et sans ressource? J'entends, dans le dernier exemple, une aide physique ou financière. Bien entendu, je peux avoir une oreille attentive à sa détresse puisque je la comprends.

Pendant toutes ces années où j'avais tenté de réaliser cet Amour Inconditionnel, je m'étais oubliée. Je ne m'accordais pas suffisamment d'importance! Par contre, j'en accordais beaucoup à l'autre. J'ignorais que je devais, en premier lieu, me respecter et SURTOUT, m'aimer telle que je suis. Rien de facile, nous trouvons toujours des failles, que ce soient des parties de son corps que l'on n'aime pas, un trait de caractère, etc. J'avais donc plusieurs ajustements à faire sur ma propre personne. J'y ai travaillé et j'y travaille toujours. Même, si cela paraît égoïste, je réalisais qu'offrir de l'amour si je ne m'aime pas suffisamment est voué à l'échec. On ne choisit pas une personne pour combler ses propres vides.

Depuis le début, je savais que l'Amour Inconditionnel était intimement relié à l'accomplissement de nombreuses autres qualités, celles que nous choisissons de venir travailler dans nos différentes incarnations. Il pouvait s'agir de la compassion, du discernement, du détachement, de l'amour humain et même du pardon. Tout était interrelié. J'avais commencé à l'envers, les qualités avant l'acceptation de ma personne. Il ne me restait qu'à inverser maintenant.

Plus nous nous rapprochons de l'Amour Inconditionnel, plus nous nous rapprochons des Êtres de Lumière et de notre Créateur. Et, si nous arrivons à le pratiquer dans notre vie de tous les jours, nous pourrons fusionner, nous joindre à Eux lorsque nous traverserons après notre décès.

Regardez la jeune maman qui vient d'accoucher de son jeune enfant. Regardez ses yeux lorsqu'elle tient son nouveau-né dans ses bras. Elle l'aime tellement, tout son être vibre et accepte ce nouvel être. Il émane d'elle tellement d'amour, de tendresse et d'affection pour ce jeune enfant. Il est PARFAIT. Elle est comblée et très heureuse. Il en est ainsi de l'Amour Inconditionnel, il est parfait. Cette jeune maman sera patiente, compréhensive, dévouée, affectueuse ; elle lui pardonnera même ses petites bévues lorsqu'il commettra des erreurs en grandissant. C'est ce genre de comportement que nous devrions tenter d'atteindre durant notre vie. La jeune maman semble avoir intégré toutes les qualités de l'Amour Inconditionnel. Elle est heureuse et entièrement comblée.

Les qualités les plus importantes sont certainement : l'**Amour humain**, la **compassion**, le **détachement**, le **discernement**, le **pardon** et finalement la **sagesse**. Chacune de ces grandes qualités impliquent d'autres qualités sous-jacentes.

À l'**amour humain** viendra se greffer la délicatesse, la tendresse, le respect, l'acceptation, la générosité, tant de belles qualités. Lorsqu'on aime une personne, il n'y a pas de montagne trop haute à gravir ; nous souhaitons son bonheur et, bien entendu, le nôtre également. Cet amour pourrait finalement se transmettre à tout ce que vous touchez : votre animal de compagnie, un ou une bonne ami(e) absolument tout ce qui existe sur notre planète....

À la **compassion**, cette qualité indispensable dans notre société, viendra se greffer l'empathie, la tolérance, la sensibilité, l'écoute, la sympathie... Qu'importe la couleur de l'humain : blanche, jaune, rouge ou noire, chaque humain a besoin d'être considéré et non d'être rapatrié ou sélectionné de par la couleur de sa peau. Nous sommes égaux et avons tous besoin d'être considérés comme tel. Les différentes religions devraient nous rapprocher et non pas nous diviser. Faisons preuve de compassion. Ne soyons pas indifférents, tels des robots, devant la douleur d'autrui ; une main tendue vers l'autre apporte souvent un grand réconfort. Est-ce que Mère Térésa regardait la couleur, le sexe ou l'intelligence des personnes qu'elle aidait ? Elle ne s'attardait même pas à ces peccadilles. Elle faisait preuve d'amour et de compassion tout simplement.

Le **détachement** est certainement une des plus difficiles qualités à travailler et à acquérir. Pourtant, elle est primordiale à notre évolution spirituelle. Comment pouvons-nous accepter l'inconcevable, telle la perte d'un enfant ? Il y a tant de souffrances rattachées à cette perte. Difficile de comprendre également différentes pertes telles que la faillite, l'amoureux qui vous abandonne ou la perte d'un emploi dans lequel vous aviez mis tous vos efforts. Certains se sont même suicidés après avoir perdu leur fortune à la bourse. Je ne dis pas que nous n'avons pas le droit de posséder une maison, de belles voitures ; mais si le feu éclatait à votre maison, seriez-vous capable de repartir à neuf ? Si la réponse est non, alors votre attachement est beaucoup trop fort et vous serez coincés, un peu comme le bateau qui tente de quitter le port, mais dont on aurait oublié d'enlever les amarres. Impossible alors de prendre le large !

Quand il nous est impossible de faire marche arrière ou que je sois incapable de changer un événement vécu, le détachement est ce qui vous apportera le plus grand réconfort. Je ne parle pas d'indifférence ou d'insensibilité. Je parle d'un véritable travail de conscience par rapport à tout ce que nous possédons, nous côtoyons ou convoitons. Nous avons le droit d'acquérir de belles choses, mais si nous sommes incapables de nous en départir, alors, il y a un travail à faire sur le détachement.

Dans toute situation, il faut se donner du temps. Mais pleurer sur la perte d'un être cher toute notre vie, ne nous apportera que souffrance et il est fort possible que nous passions à côté de la mission que nous nous étions donnée. N'oublions jamais qu'avant notre venue sur Terre, nous avions choisi une 'superbe qualité' à travailler. Si votre choix était le détachement, je suis convaincue que votre vie a été bouleversée à de nombreuses reprises par des pertes. Si nous refusons de les affronter, c'est un peu comme si nous sabordions notre bateau. Je ne dis pas que cela est facile, bien au contraire. De plus, vous ne comprendrez pas toujours la raison de ces pertes. Mais, si vous arrivez à vous détacher sans animosité, sans rancœur, vous pourrez enfin passer à autre chose et cette "difficile" qualité sera définitivement acquise. Plus vous travaillerez cette qualité et plus vous vous sentirez libre.

Se détacher d'une situation, d'un événement ou d'une personne ne veut pas dire que vous deveniez un être froid et amer. Bien au contraire, vous devenez observateur de cette situation et comprenez que pour votre bien-être et votre survie, il est temps de passer à autre chose. Vous apaisez vos souffrances et vous vous sentez beaucoup plus libre dans l'acceptation. De toute façon, impossible de changer quoi que ce soit au passé. Quand bien même vous passeriez dix ans à vous remémorer ces pertes, qu'elles soient monétaires ou autres, vous ne pourrez les effacer. Alors, puisqu'il nous est impossible d'y changer quoi que ce soit, pourquoi ne pas se servir de ce vécu à bon escient afin de ne pas refaire les mêmes erreurs ou tout simplement pour aider les autres à comprendre ou à transmuter l'inacceptable.

Quand vous serez prêts, essayez de vous dégager de la situation vécue, un peu comme si vous vous placiez au-dessus de vous-même et que vous survoliez, tel un oiseau, votre perte et votre peine. Devenez l'observateur de votre personne et examinez toute la scène. Certaines pertes vous laisseront peut-être un goût amer au début, surtout si vous avez perdu la personne que vous aimiez le plus au monde. Si, toute votre vie, vous conservez cette amertume, celle-ci asséchera votre cœur. Rappelez-vous que cette perte vous conduit à votre plus belle réalisation, celle de l'Amour Inconditionnel.

Demeurez sensible malgré l'adversité, mais surtout ne tombez pas dans la sensiblerie, telles des pleureuses qu'on engage dans certaines cérémonies mortuaires. Cette belle sensibilité que vous possédez vous permet de vous ouvrir aux autres et de découvrir des qualités et possibilités que vous ignoriez jusqu'à maintenant. Rappelez-vous plutôt des beaux moments passés en compagnie de cet être cher et remerciez-le d'avoir fait partie de votre vie. Si vos pertes sont financières, je n'ai aucun doute qu'un recul, ainsi qu'un survol de la situation, vous permettra de vous améliorer et de vous repositionner d'une façon beaucoup plus intéressante que vous ne l'aviez imaginé. Vous pourrez enfin passer à autre chose.

De plus, si vous arrivez à vivre en acceptant et en travaillant le détachement, il vous sera beaucoup plus facile de quitter le plan terrestre quand le temps sera venu.

Le **discernement** est une autre qualité qui demande un incroyable exercice. Comment reconnaître le vrai du faux ? Comment appliquer ce qui est juste ? Comment faire preuve de sensibilité et non de sensiblerie ? Comment savoir que j'agis pour le bien de la communauté plutôt que pour moi-même uniquement ? Est-ce le bon moment de laisser mon enfant se débrouiller seul ? Devrais-je accepter ce changement d'emploi ? Est-ce une bonne amie ? Est-ce la vérité ? Nous vacillons régulièrement entre 2 décisions ou des informations reçues, cherchant ce qui est le mieux pour nous, nos enfants ou notre bonheur.

En tant que mère, je n'ignore pas toutes les questions que nous nous posons face à nos enfants. Certaines d'entre nous sont beaucoup trop protectrices. Est-ce le bon moment de laisser mon enfant voler de ses propres ailes ? Pourtant, nous devrions savoir que si nous avons donné le meilleur de nous-mêmes, nous devrions également avoir confiance aux enseignements que nous avons prodigués.

Si nous manquons de discernement et de lâcher-prise, alors nous risquons que ceux-ci ne prennent jamais leurs responsabilités. Il faut leur faire confiance ! Je sais, nous avons souvent peur qu'ils se blessent et qu'ils éprouvent de la difficulté à s'ajuster, car nous aimerions bien leur éviter de souffrir. Cependant, les apprentissages ne se font que lorsque nous travaillons à nous réaliser.

Tant de situations demandent le discernement. Dois-je intervenir si je considère qu'une situation est injuste ? Puis-je dire ce que je pense ? Ne devenons pas cyniques, mais apprenons à dire et à faire ce que nous jugeons juste pour les autres et pour nous-mêmes. Énonçons clairement ce que nous pensons, mais sans méchanceté. Dans toute situation, demandez-vous si cela apportera des changements positifs ; si la réponse est non, nul besoin d'agir ou d'intervenir.

En ce qui me concerne, je demande souvent la "parole juste" à mes guides afin que ce que j'énonce soit précis et utile, sinon je n'interviens pas ! Je me pose souvent la question : "Est-ce mon ego ou mon orgueil qui me porte à réagir?" Si la réponse est oui, alors, il vaut mieux que je n'intervienne pas, car rien de positif ou de constructif ne sortira de mes gestes ou de mes paroles.

Le **pardon** est définitivement la qualité la plus difficile à travailler. Comment une jeune fille pourrait-elle pardonner au père qui l'a violée? Comment accepter l'inacceptable? Comment pardonner à celui qui vous a pris vos biens ou votre argent? Impossible de passer à la Lumière sans pardonner! Alors quelle route allons-nous choisir?

Quel que soit le tort qui vous a été causé ou que vous avez causé, il faudra y arriver, mais comment? Il se peut que vous ayez besoin d'une aide spécialisée, un psychologue ou un thérapeute pour vous accompagner dans cette démarche. Mais, croyez-moi, cela en vaut la peine!

J'ai moi-même subi des sévices importants. J'ai éprouvé de la rage, de la rancœur et même de la haine à un certain moment dans ma vie. J'ai finalement décidé d'aller chercher de l'aide; puis, même si cela diminuait ma douleur, je n'arrivais pas à pardonner. Je fonctionnais, mais ce que j'éprouvais pour mes agresseurs me faisait énormément souffrir. J'aurais voulu leur remettre leurs coups, leur faire mal, mais ce n'était pas possible. Puis, un jour, j'ai compris que je devais leur pardonner. Ce n'était pas facile, mais lorsque je commençai à me distancer de toutes ces souffrances, je commençai vraiment à me sentir mieux. C'est un peu comme un gros mal de dent. Il se peut que vous ayez à extraire la dent cariée. Malgré tout ce que cela comporte, lorsque ce sera fait, il n'y aura plus de douleur, vous vous sentirez beaucoup mieux.

Tout le travail que je faisais sur moi portait enfin ses fruits. Ma démarche spirituelle m'aida à terminer mon cheminement. Je décidai de pardonner. Ce pardon, je le ressentis au plus profond de mon être. Bizarrement, ce qui émergea fut une incroyable sensation de liberté! Je me sentais légère, très légère. J'étais complètement libérée. À ce pardon s'ajouta la joie, une joie profondément ressentie. Incroyable, je me sentais légère, libre, joyeuse et tellement bien! C'est à ce moment précis que je compris que le pardon est libérateur. Il enlève ce "poing" au centre de notre poitrine, cette "misère" qui nous angoisse et que nous portons depuis ces agressions. Quelle superbe sensation de bien-être! Le pardon est libérateur!

On m'a souvent demandé comment et pourquoi je pardonnais à une personne qui m'avait profondément blessée. Ma réponse a toujours été la même : "C'est bien simple, je me suis rendu compte que j'étais la seule à souffrir. Je ne suis tout de même pas masochiste." Souvent, la personne qui vous blesse est entièrement inconsciente du geste qu'elle pose, ou refuse de voir le tort qu'elle vous cause. Je ne dis pas que cela est bien, ni acceptable, mais pourquoi serais-je la seule à souffrir d'un tel comportement? Je me souviens très bien d'un jour où je dis à la personne qui m'avait profondément blessée : "Je te pardonne pour tout le mal que tu m'as fait." Celui-ci m'a simplement répondu : "Pardonner quoi? Je ne t'ai rien fait." Il préférait certainement demeurer inconscient de la souffrance causée. Qu'importe sa raison, plus question de souffrir pour lui. J'allais me libérer et c'est lorsque j'entendis sa réponse que je réalisai que j'étais la seule à souffrir. Il était temps que cela change. J'ai alors décidé de pardonner pour me libérer. Peu importe que l'autre le sache ; moi je sortirais de cette misère, de cette douloureuse haine que son geste avait causée. Je me libérais enfin!

Bien entendu, si vous avez été abusé ou agressé, je vous conseille fortement de dénoncer cet agresseur, car n'oublions pas que si vous, vous lui pardonnez et que vous êtes arrivé à passer à autre chose, malgré la souffrance qu'il vous a causée, celui-ci peut récidiver et agresser d'autres personnes. Au nom des futures "possibles" victimes, il est de votre devoir de le dénoncer afin que cela ne se reproduise pas.

On me demande souvent : "Si je pardonne à mon agresseur, suis-je obligé de le côtoyer?" Il arrive régulièrement que la personne qui vous a trahi ou maltraité fasse partie de votre famille. Suis-je obligé de le côtoyer? Non, aucunement. Le pardon sincère ne vous oblige pas à faire comme si rien ne s'était passé. Vous devez vous sentir libre et bien en sa présence. Si cela n'est pas le cas, alors ne vous torturez pas inutilement. Vous vous devez RESPECT. Respectez-vous et trouvez plutôt des personnes qui méritent votre confiance et votre affection.

La **Sagesse** ! Quel superbe état d'être. C'est davantage un but à atteindre qu'une qualité à travailler. On représente souvent la sagesse par un vieillard bienveillant, arborant une longue barbe blanche, marchant lentement et s'appuyant sur son bâton de pèlerin. Ce vieillard représente l'expérience des années, sa réflexion sur les différents problèmes de la vie, sa façon de transmettre son savoir et ses connaissances.

Comme le disait Descartes : "Par la sagesse, on n'entend pas seulement la prudence dans les affaires, mais une parfaite connaissance de toutes les choses que l'homme peut savoir, tant par la conduite de sa vie que par la conservation de sa santé et l'invention de tous les arts."

Je me souviens très bien de ma grand-maman Êva qui semblait avoir réponse à tout. Tout était simple et facile lorsque je me trouvais en sa présence. Elle paraissait tout connaître, elle répondait à toutes mes questions avec tant de logique et de discernement. Elle savait ! Elle avait acquis, avec les années, la connaissance de la vie que les nombreuses expériences et même ses échecs lui avaient apportée.

Avec les années, je comprends également que pour atteindre la sagesse, il nous faut arriver à se détacher des différentes expériences vécues. Certaines peuvent nous sembler bien douloureuses, mais jamais, non jamais, je ne pourrai effacer le passé ou même revenir en arrière pour revivre un événement qu'il soit heureux ou malheureux ! Je ne peux qu'accepter et améliorer le moment présent tout en continuant à apprendre, à faire de nouvelles découvertes et cela jusqu'au jour où je quitterai le plan terrestre.

En travaillant à m'améliorer, en intégrant l'amour humain, la compassion, le discernement, le pardon et surtout le détachement, je réussirai certainement à devenir un être plus complet, un être qui, je l'espère, saura un jour prodiguer des enseignements et des témoignages se rapprochant de la Sagesse. Je suis consciente que ce travail requiert fort probablement plus d'une vie, mais si je réussis à m'améliorer et à en faire profiter les autres, ne serait-ce pas une combinaison gagnante ?

Je sais maintenant que ma rencontre avec l'Être de Lumière, lors de mon décès, a complètement changé ma vie. Il avait entièrement raison lorsqu'il disait que l'Amour Inconditionnel et l'amour humain était différent. J'ai certainement besoin de l'amour humain pour réaliser cet incroyable et exceptionnel Amour Inconditionnel, mais j'ai également beaucoup d'autres belles qualités à travailler. Je comprends également que plus je m'approche de sa réalisation, plus je me sens libre, heureuse et entière. Je me sens en parfaite harmonie avec l'Univers et avec tout ce qui existe dans le visible comme dans l'Invisible.

# Sophie et l'Amour Inconditionnel

J'ai rencontré Sophie, chez-moi, à 2 reprises. La première fois qu'elle est venue me consulter, je lui ai expliqué tout ce que je comprenais de l'Amour inconditionnel. L'année suivante, lorsqu'elle se présenta, elle semblait inquiète. C'est pourquoi, je lui demandai ce qui se passait et elle ajouta simplement : "Diane, je crois que je suis devenue insensible." "Pardon" lui répondis-je, "toi, insensible ?" Elle ajouta : "J'ai travaillé très fort sur toutes les qualités à développer pour atteindre l'Amour Inconditionnel, mais j'ai l'impression que je deviens insensible." Alors, je la regardai et lui dit : "Lorsque tu vois un très beau lever de Soleil ou un coucher de Soleil sur la mer, cela ne te fait plus rien ? Es-tu vraiment devenue insensible à tant de beauté ?" Elle me regarda et ajouta : "Non, les levers et couchers de Soleil m'émerveillent toujours autant, mais j'ai l'impression d'avoir changé. Je me sens différente, comme si tout ce qui se passe ne m'atteignait plus comme auparavant."

Je venais de saisir ce qu'elle voulait dire et qui l'inquiétait. J'ajoutai donc : "Ne sens-tu pas ces sentiments de légèreté et de liberté qui t'habitent maintenant ?" "Oui, c'est ça !" ajouta-t-elle. Alors, répondis-je : "J'ai la preuve que ton travail porte ses fruits et que tu te diriges vraiment vers la réalisation de l'Amour Inconditionnel. C'est un peu comme si nous flottions. Oui, nous survolons tous les aléas de la vie avec beaucoup plus de facilité. Nous sommes moins touchées. Non pas que nous sommes devenues indifférentes, mais nous arrivons à voir toutes ces expériences et épreuves avec détachement et compassion. Nous comprenons la douleur et les souffrances, mais nous ne les prenons pas comme un fardeau sur nos épaules. Nous tentons de les comprendre et de soulager les personnes touchées en les aidant soit par notre sympathie ou empathie, mais ces douleurs ne deviennent pas les nôtres comme nous le faisions auparavant. Nos paroles sont encourageantes et aidantes. Nous nous distançons quelque peu afin de mieux aider et comprendre les autres pour leur plus grand bien et le nôtre également."

Puis, j'ajoutai : "N'est-ce pas merveilleux de ressentir cette incroyable sensation de légèreté, cette impression de flotter au-dessus plutôt que d'être prise dans les peines extrêmes ?" Nous devenons ainsi beaucoup plus efficaces et ouvertes aux autres. C'est cette merveilleuse sensation qui me prouve que nous nous rapprochons de l'Amour Inconditionnel.

Nous sommes sur la bonne voie.

# En conclusion

Après vous avoir livré le fruit de mes découvertes et de mes expériences, j'en arrive uniquement à des souhaits pour nous tous.

Mon premier souhait : **Partir conscient**. J'ai remarqué que la majorité des gens ont très peur de l'inconnu. Je les comprends. C'est pourquoi, je souhaite que notre niveau de conscience augmente. Pourquoi ne pas s'informer, se préparer pour la grande traversée vers l'autre plan ? Augmenter son niveau de conscience sous-entend, faire un travail sur soi, se détacher et ne rien prendre pour acquis, car de toute façon, vous n'emporterez rien de l'autre côté. Je ne vous demande pas de vivre "cloîtré" et en méditation constante ; simplement de réaliser que vous ferez cette traversée seul et que le plus tôt vous accepterez cet état d'être, le plus rapidement vous rejoindrez les Êtres et les personnes que vous aimez tendrement et passionnément depuis des siècles. Sachez que des êtres aimants vous aideront dans cet heureux changement.

Mon deuxième souhait : **Devenir un être d'Amour**. Cela vous semblera peut-être utopique, mais commencez par vous accepter. Pardonnez-vous vos erreurs ; elles vous permettent de réaliser que vous êtes humain et faillible et que de beaux changements au niveau de votre ressenti et de votre centre Cœur, peuvent faire toute la différence. Vous me direz probablement que, sur la Terre, le plus puissant est celui qui crie haut et fort. Je le constate également, mais si nous remplissons notre être d'amour, amour pour la vie, amour pour les autres et amour pour notre propre personne, vous ferez toute la différence. Vous ne serez pas plus faible, simplement plus sage. Imaginez un seul instant que cet Amour se répande autour de vous, puis sur toute la Planète. Devenez vous-même celui ou celle qui fera la différence. Fuyez ceux qui sont amers, arrogants et sans scrupules. Ils croient détenir la vérité alors qu'ils sont majoritairement très inquiets et "insécures". Remplissez votre cœur d'amour pour tout ce qui existe sur la planète, même ceux qui vous semblent complètement "idiots" nous donnent des enseignements. Eux aussi ont quelque chose à nous apprendre !

Remplissez votre cœur de **gratitude**. Prenez un moment tous les jours pour remercier le Ciel des merveilleux moments qui emplissent votre quotidien. Je n'ignore pas que certains d'entre nous souffrent et sont dépressifs ; prenez le temps de refaire vos forces et votre énergie. Respectez votre corps, il a besoin de faire une pause. Malgré la souffrance qui vous tenaille, n'abandonnez surtout pas ! Vous comprendrez, plus tard, que ces difficultés vous ont obligé à vous repositionner et à vous rendre compte que l'Amour est ce qui est le plus important dans votre vie. On ne peut ni l'acheter, ni l'échanger, mais certainement le partager avec les personnes qui le méritent.

Remerciez le Ciel pour ce que vous avez et non le maudire pour ce que vous avez perdu et ne possédez plus ; sinon vous risquez de devenir très amer. Remerciez et vous réaliserez que vous cultivez votre jardin intérieur ; celui-ci vous apportera le bonheur tant souhaité et le bien-être tant désiré. Essayez, vous serez très surpris des résultats et tout ce que vous récolterez sera le fruit de votre travail et vous en ressentirez un très grand bien-être. Vous méritez pleinement le "merveilleux", ce bonheur qui vous arrive.

www.ingramcontent.com/pod-product-compliance
Lightning Source LLC
Chambersburg PA
CBHW052036090426
42739CB00010B/1935